U0926552

犯罪情报分析

陈刚 著

公安院校
知名教授学术文库
总主编：樊京玉　闫继忠

中国人民公安大学出版社
群　众　出　版　社

公安院校知名教授学术文库
公安院校青年学者学术文库
编辑委员会

主　任：樊京玉　闫继忠

委　员：（以姓氏笔画为序）

丁　宏　马金旗　王　立　王　周
伊良忠　刘　鹏　刘功华　刘茂林
刘瑞榕　李华振　李锦奇　吴钰鸿
张　斌　张兰青　张兆端　张宝锋
张高文　张惠选　周　彬　郝宏奎
韩　勇　韩　锋　程小白　管曙光

办公室：周佩荣　杨益平　曾　惠

犯罪情报分析

陈刚　著

前言

本人对犯罪情报分析的研究兴趣起始于在泰国的一次短期培训。2003 年 3 月，我受公安部指派，到位于曼谷的国际执法学院进行为期两周的犯罪情报分析课程的学习，参加培训的学员分别来自亚洲各国的警察机构，授课的两名教师来自荷兰国家犯罪情报中心（简称 NCIS），他们长期负责本国及欧洲其他国家警察的犯罪情报分析技术的培训工作，有着非常丰富的培训经验，授课形式灵活，大约有二分之一的授课时间安排学员进行分组练习，培训结束后学员们都感到收获颇丰。这是我第一次接触比较完整和系统的犯罪情报分析技术，感到非常新鲜，但由于是英文授课，而自己的英语水平有限，培训结束后还是感觉有些懵懂。回国后，怀着对犯罪情报分析的浓厚兴趣，开始在国内系统收集有关犯罪情报分析方面的资料。此后，还对基层公安机关的犯罪情报信息工作进行了多次调研。2004 年 3 月，我以《犯罪情报分析》为题申报了学校的校级科研项目并顺利立项，开始了对犯罪情报分析系统和全面的研究。本书首次出版于 2008 年，此次对原作品的修改正好是首次出版 10 周年，于本人而言，既是对 10 年前研究成果的重新审视，又是对近十年我国犯罪情报分析实务和理论进行的完整梳理和扩充，是一项很有价值的工作。

进入 21 世纪后，我国的犯罪情报信息工作进展迅猛，各地公安机关都非常重视犯罪情报信息系统的建设。随着我国公安机关“金盾工程”一期、二期建设取得巨大成效，公安信息化水平得到迅速提高，公安机关无论是在日常基础工作、专业业务等实用领域，还是在资源手段、运转机制等配套保障方面，都进化出更加符合时代背景与犯罪形势的新模式。在此基础上，以运用新技术、新理念以及新手段为标志，深化犯罪情报应用的有益做法在一些省市率先探索并取得初步成效，我国的犯罪情报工作目前正经历着由信息化向大数据、智慧警务等方向的发展。2018 年 1 月，公安部部长赵克志同志在全国公安厅局长座谈会上指出，大数据是公安工作创新发展的大引擎、培育战斗力生成的新增长点。要把握时代发展大势，大力实施公安大数据战略，着力打造数据警务、建设智慧公安，全面推动公安工作质量变革、效率变革、动力变革，努力实现公安机关战斗力的跨越式发展。要坚持实战引领，充分运用大数据等新技术手段，积极构建以大数据智能应用为核心的智慧警务新模式，着力提高预测预警能力、精确打击能力和动态管理能力，不断提升公安工作智能化水平。要把实施公安大数据战略作为一项“龙头工程”来抓，加强组织领导，坚持统筹推进。要坚持大数据建设应用与安全防护同步规划实施，加快构建大数据安全保障体系。赵部长的讲话不仅为犯罪情报分析实务和理论的发展指明了方向和途径，还为公安信息化的发展明确了目标。

本书是在第一版的基础之上修订而成的，从 2008 年到 2018 年，公安情报工作有了很多新思路与新做法，因此对相关资料的收集就显得格外重要。修订期间，笔者多次深入实战部门进行调研，与负责情报与侦查工作的一线专家进行访谈交流，获得了许多宝贵经验。同时也利用中国行为法学会侦查研究会、北京刑侦学研究会以及现代侦查技战法研究中心等学术平台，与同行进行学术交流，从中汲取了大量先进的情报工作理念与方法，为此书的修订增添了灵感与思路。因此，此次修订工作凝结了广大公安情报工作者的辛勤付出，是集体智慧的结晶。由于此次修订出版是面向全国公开发行，笔者在内容上对涉密内容进行了脱密处理，在保证不涉密的情况下尽最大可能展现中国公安机关在犯罪情报分析方面的发展历程、方法、技术等，以期满足读者的需求。

尽管自己觉得在本书撰写和修订中花费了大量的心血和时间，研究之艰辛可能只有亲历者才能体会，但在定稿后还是有一种惶惶不敢示人的心态，总感觉书中缺憾甚多，每每重新翻阅，都能发现许多需要修改的地方。完美是可望而不可及的状态，我始终认为任何一本学术著作只能做到力争完善，很难达到没有瑕疵的水平，只要书中有一句话、一段文字、一个观点对读者有些许的帮助和启迪就足矣。当然，对犯罪情报分析的研究和探索是没有止境的，笔者衷心希望有更多的学术同人能投入犯罪情报分析的研究工作中，有更多的人尤其是学生能对其感兴趣，推动该领域的理论发展。由于本人水平有限，必然存在不足和错误，真诚希望大家提出批评和指正，欢迎以各种途径与我进行交流（电子邮箱：chengang@ cppsu. edu. cn）。

此外，还要感谢中国人民公安大学出版社、中国人民公安大学校领导和科研处对本书修订给予的支持和帮助。本次修订还得到我的博士研究生和中国人民公安大学侦查与反恐怖学院几位同事的大力帮助，他们在资料的收集和整理、初稿的整理等方面付出了许多精力和时间，他们是：中国人民公安大学 2014 级侦查学专业博士生王梦瑶、2015 级侦查学专业博士生李佳、2016 级侦查学专业博士生尹鹤晓、2017 级博士生董伟龙，刑事侦查教研室井晓龙副教授、禁毒教研室张黎副教授、公安情报技术教研室吴绍忠教授、公安情报实务教研室张磊教授、反恐怖理论与对策教研室刘明辉博士。书中绝大多数图表是中国人民公安大学侦查系 2002 级本科生潘剑飞同学所作。本书在写作过程中借鉴了大量的学术著作、学术论文及实践部门的报告总结等，在此还特别要指出，在“战术性情报分析”一章中关于犯罪地理画像的内容和图表主要借鉴了美国专家 Kim Rossmo 博士的讲课课件，在此向以上专家学者表示衷心的感谢。

最后，我要感谢家人在写作过程中对我的支持和帮助，本书的修订完成也是对你们付出的回报。

陈刚

2018 年 1 月于北京木樨地

【编者注】《犯罪情报分析》于 2008 年在我社首次出版后，受到了相关领域的广泛关注，产生了较大影响。此次收入《公安院校知名教授学术文库》再次出版，作者对有关内容进行了修改，并补充了新材料、新方法，特此说明。

目录

第一章 犯罪情报信息工作概述

第一节　我国犯罪情报信息工作现状与发展

第二节　当前我国犯罪情报信息工作存在的主要问题与对策

第三节　其他国家和地区犯罪情报信息工作概览

犯罪情报分析是犯罪情报信息工作的重要组成部分，犯罪情报分析工作的质量高低离不开犯罪情报信息工作的整体发展水平。在阐述犯罪情报分析的方法和技术之前，很有必要先对我国的犯罪情报信息工作现状以及近几年的最新发展作个简要的介绍。我国的犯罪情报信息工作真正进入快速发展期是从20世纪90年代后期开始的，随着“金盾工程”一期、二期的顺利结项并投入使用，我国的情报信息工作有了质的飞跃。但由于在理论上缺乏成熟的体系作支撑，在实践中资金与人才等诸多问题并存，加之信息化背景下犯罪形势的急剧变化，犯罪情报信息工作还存在不少缺陷和不足。目前，各地区犯罪情报信息工作发展仍然不均衡，各级各地区公安机关情报部门的机构设置、权责分配不科学的情况依然明显，公安机关的情报分析师制度还处于起步探索阶段，专职情报分析人员的规模远远无法满足客观需要。由此可见，我国犯罪情报信息工作还需要在理论和实践上不断努力，借鉴其他国家和地区在犯罪情报工作中的成功经验，结合我国公安工作的实际，不断开创我国犯罪情报信息工作的新局面。

第一节
我国犯罪情报信息工作现状与发展

我国犯罪情报信息工作的发展历史并不长，真正进入快速发展的时期，是从“金盾工程”一期项目立项进行建设开始。当时公安部为了适应社会快速发展和刑事犯罪不断变化的形势，实现动态管理和有效打击犯罪的目的，增强公安系统统一指挥、快速反应、协调作战、打击犯罪的能力，提高公安工作的效率和侦查破案水平。

1998年9月22日，公安部党委会议决定在全国公安机关开展“金盾工程”，即公安信息化工程；1999 年 4 月 20 日，公安部正式向国家计委送交“金盾工程”立项报告和项目建议书；2001 年 4 月，国家计委正式将“金盾工程”立为国家信息化的重点工程项目开始建设。通过几年的努力，“金盾工程”一期建设的进展非常顺利；2006 年 11 月 16 日，“金盾工程”一期建设项目通过验收。通过一期建设，公安信息通信三级主干网全面建成，80%以上的公安基层所队接入主干网，规划建设的 60 个应用系统已投入运行，公安信息网安全保障体系基本建成，开发了“金盾工程项目管理系统”，实现了档案管理的信息化。

2006 年 12 月 18 日，全国“金盾工程”建设工作会议在南京市召开，会议全面回顾了“金盾工程”一期建设的主要成果，并对开展“金盾工程”二期建设进行了部署。2009 年 1 月 13 日，公安部在河南省郑州市召开全国“金盾工程”二期工作会议，全面启动项目二期建设。“金盾工程”二期建设的主要内容是：优化完善网络基础设施、安全技术设施、信息中心技术系统等，建设推广情报信息、警用地理、部门间信息共享服务三类应用平台。2015 年 1 月 15 日，“金盾工程”二期顺利通过验收，标志着我国情报信息工作进入了全新的发展阶段。目前，随着大数据时代的到来，信息技术和数据处理技术飞速发展，我国的情报信息工作也迎来了数据分析的新时代。

一、 我国犯罪情报信息工作的现状

（一）公安网络基础建设取得了重大进展

“金盾工程”二期在一期工程的基础上继续完善三级网及延伸终端建设，并优化完善网络基础设施、安全技术设施、信息中心技术系统三大类基础设施。在“金盾工程”二期建设完成后，我国公安机关已基本建成了从公安部、省（直辖市、自治区）公安厅局、地市公安局、区县公安局到公安派出所的全网络联通，全国公安网络的覆盖率接近 100%，各级公安机关联入公安专网的计算机数量、全国每百名民警拥有接入公安网的计算机数量等指标已经成为历史数据。近年来，随着云计算、大数据技术的迅猛发展，通过集群式服务器建设的警务云在各地公安机关落地，公安网络的带宽、联入的数据资源、应用系统和平台的数量、公安民警的使用频度等和20世纪90年代末期比，已经有了质的飞跃。

（二）公安信息数据库建设已初具规模

公安部重点建设的八大全国性公安信息数据库已经基本建成，包括：全国人口基本信息数据库、全国出入境人员信息数据库、全国机动车/驾驶人员信息数据库、全国警员基本信息数据库、全国在逃人员信息数据库、全国违法犯罪人员信息数据库、全国被盗抢汽车信息数据库、全国安全重点单位信息数据库。为了提高基层公安机关在工作中对八大数据库的查询速度，公安部中心库的数据都将复制至各省中心数据库，在各省建立分库。除了在公安部建中心库外，各省还根据各省的具体情况，建立了各类公安信息数据库，构筑了以一类应用系统为主体，各类公安业务信息系统为辅助的信息化软件体系。部、省级的公安信息中心都已全部成立，地市级公安信息中心也陆续开始挂牌运行。

（三）智能化的应用系统开发和应用发展迅猛

由公安部统一研发的人口信息管理系统等18个一类应用系统已经投入运行，各省自行研发的应用系统在公安工作中也正发挥着重要作用。例如，浙江省公安厅研发的“打、防、控”综合信息平台就非常具有特色，在这个应用系统中，整合了大量各类数据库的信息，克服了数据库相对分离、查询复杂的弱点，大大提高了效率。“金盾工程”二期更是增加了公安业务信息应用类型，建设推广情报信息、警用地理、部门间信息共享服务三大应用平台，对人口、交通、人事等一期建设的公安信息系统进行功能扩展，新建多发性侵财案件管理、吸毒人员动态管控等信息系统，拓展公安信息系统的应用深度和广度，进一步提高了公安工作的信息化程度。

（四）在公安网络安全保障体系方面有了突破性成果

公安网络的安全保障是公安网络正常运行的重要基础，其不安全因素主要来自两个方面：一方面是公安专网的独立性，不允许与互联网相连，要严禁“一机两用”的问题。另一方面是公安民警在数据查询时的身份认证和访问控制，通俗地讲就是什么级别、什么警种的民警可以查什么信息的问题，这个问题也是阻碍犯罪情报信息实现大共享的瓶颈问题。目前，“一机两用”监控系统已经全面建成并投入使用，起到了很好的监控效果。另外，部分省市已经成功地完成了公安系统内的身份认证和访问控制管理系统（PKI/PMI）的建设，既提高了工作效率，也保障了公安网络信息的安全，此系统已顺利结束试点工作，并已在全国公安系统进行推广。

（五）公安信息标准化体系已基本形成

公安信息标准的制定是情报信息工作的重要基础和保证，没有庞大的标准系统，信息数据库的建设就会存在巨大隐患，数据的采集和录入就无法进行。通过多年的努力，公安部制定并颁布了数百个行业标准规范。公安信息化标准体系的形成，有效地推进了公安信息化工作。

（六）对分散的情报信息部门进行整合重构

自从公安机关产生之时起，情报工作就是公安工作的一项重要组成部分。公安机关的各个警种在日常工作中，都围绕着各自的核心业务开展着情报收集、分析与应用的工作，如国保、刑侦、经侦、治安、禁毒、反恐等警种在工作中都需要情报，因此，我国的情报信息机构从一开始遍布各个业务警种之中，彼此互不干扰、各自为战。自2003年公安部党委提出“情报主导警务”理念之后，这种各自为战的专门情报的组织架构被改造、整合，形成了我国特有的综合与专业并存的公安情报工作格局。公安情报逐渐发展成为一个独立于其他公安业务之外的新警种。综合情报部门的核心业务是将公安业务与日常管理中的情报信息汇总起来进行分析研判，将情报成果提供给领导辅助决策，或是流转给相关业务警种展开打击等相关工作。由此可见，综合情报部门是将过去分散在各专业情报部门的信息进行整合，提取出新的价值，其实质也是对分散的情报部门进行整合重构。

（七）情报信息实现了范围与功能的拓展

随着我国社会信息化进程的加快，公安情报工作呈现出大范围、多功能的特征。首先，公安情报工作的范围由刑侦、国保等部门扩展至各警种、各部门，工作对象由犯罪情报资料扩展至公安机关日常管理工作中所产生或涉及的各类信息。其次，公安情报信息的功能也随之拓展，由过去“指导性”情报逐渐发展成为“知识性”情报，这意味着犯罪情报信息不再仅仅应用于辅助案件侦破及处置阶段的决策，而是在犯罪治理、社会面管控等更为广阔的领域发挥作用。尤其是我国目前已经步入以万物互联互通和一切皆可量化为标志的大数据时代，情报信息又从技术层面与应用层面取得进一步发展：以现代信息技术、视频技术、互联网技术、自动化技术、GPS 卫星定位系统和警用地理信息系统（GIS）为代表的数据采集技术，为犯罪情报分析提供了新的数据来源；以数据挖掘、空间分析等为代表的数据应用新技术，为犯罪情报分析提供了全新的视角，提升了情报信息的价值。

二、 我国犯罪情报信息工作的发展

近几年，各地公安实践部门的信息化工作如火如荼，涌现出了许多新的工作模式，积累了一定的信息化工作经验，有的地区公安机关信息化工作已形成一定的规模。2017 年 6 月 20 日，全国公安科技信息化工作会议在北京召开，盘点全国公安科信工作大事，谋划科技信息化事业发展新未来。自党的十八大以来，全国公安机关顺应国家经济社会发展大势，深入实施科技强警战略，紧密围绕深化公安改革和“四项建设”，聚焦警务实战需求，精心组织，强力推进，以科技创新支撑社会治安立体化防控体系建设，以信息化引领公安工作现代化，促进现代警务机制转型升级。从各地的信息化警务工作模式来看，各有特色，以下主要介绍“广东经验”和“浙江经验”，基本能够反映出我国犯罪情报信息工作发展的前沿状况。

(一)“广东”经验①

1. “金盾工程”：广东公安科技信息化的奠基工程

1998年12月，国家将“金盾工程”列为电子政务建设12个重要业务系统建设项目之一。2003年，“金盾工程”正式启动。广东省公安机关积极适应公安科技信息化发展战略，按照“金盾工程”的部署，成立了“金盾工程”领导小组，制订了工程实施方案，大力推进“金盾工程”各项目建设，为全省公安信息化的发展进步奠定了坚实的基础。

首先，完善了公安信息通信基础设施。省公安厅到广州市、佛山市局光线联网传输速率达到2.5G，其他市局的光线联网传输速率均达到622兆，并全部实现长途双路由互为备份，二级网带宽大幅提高，线路稳定性、可靠性显著增强。全省4000多个基层科所队100%实现了以专线方式接入公安网，网络带宽达到10兆的比例占线路总数的70%，基层接入网的保有率保持100%。计算机硬件方面，全省公安机关新增入网计算机1.5万多台，使全省介入公安网计算机总数达到13万多台，民警计算机拥有率达到90.5%以上。350兆指挥调度网络信号覆盖到全省21个地级市、主要县城及主干公路，系统抗频率干扰能力以及系统的可靠性、兼容性、可维护性均有明显提高。全面建成二、三级网络电视会议视频系统、标清图像传输系统，公安会议电视三级网开通率达到100%，省厅与各地市公安局实现了可视指挥调度，基层公安机关指挥、调度、通信能力得到充分保障。卫星通信指挥车方面，完成省厅“静中通”卫星通信指挥车和公安移动图像传输系统的升级改造，增强了应急信通保障力量。

其次，建设了覆盖公安主要业务警种的各类应用系统。警务综合信息、人口、出入境、交管、刑事综合、国保、经侦、违法犯罪人员、装财、法制、人事、边防、民爆、综合查询等41个系统全面建成并在全广东省各市推广应用。其中，警务综合信息系统在21个地市2686个派出所推广应用，全省共有13.6万民警使用该系统开展执法办案和各项警务工作，有力地促

① 部分摘自任士英、陈双阳：《新时期公安工作规律性研究》，群众出版社2017年版。

进了信息资源整合，提高了基层公安信息化水平。请求服务系统挂接公安业务资源达到576个，为各类业务系统提供数据复用服务超过1.9亿次，为各类业务系统信息核查和分析研判工作提供了丰富的数据来源。同时，民警使用信息系统录入相关业务数据时，通过数据复用功能调用已有业务数据的操作时间从以往几分钟甚至十几分钟，减少为不到十秒钟，基本实现了数据信息的“快速利用”和“高度共享”。全广东省综合查询和比对查控系统平均每天在线人数达600人以上，成为公安机关网上追逃和实施精确打击的重要技术支撑。网安基础数据库系统录入上网场所、联网单位等信息数据1553万多条，数据准确率达95%以上，为网络社会管理提供了有效的基础数据支撑。

最后，健全了公安信息中心技术体系。省厅和21个地市成立了公安信息中心，开展了综合业务后台服务器、应用服务器集群、八大资源库、数据备份系统、公共数据交换系统、运维管理与系统监控系统、边界接入平台等项目建设，运行保障和安全防范能力显著提高。省级综合资源库系统共整合人口、车驾、出入境、治安旅业等24大类85小类公安内部信息和39类电子政务信息，省市两级综合资源库系统全面实现了全省八大类信息资源整合共享，为开展信息资源整合和情报分析研判应用奠定了数据基础。此外，省厅信息中心应用服务器集群、八大资源库后台服务器建设等全部完成，为信息查询查证、数据引用、分析比对、统计决策等提供了硬件基础，有力保障了各类公安业务信息系统的正常运行。

2. 信息情报一网综

广东省公安部门以信息应用平台为支撑，全面搜集整合敌情、社情、案情、网情，通过综合分析、研判，形成情报产品，进而引领警务决策，服务打防管控工作，提高警务工作效能。“信息情报一网综”以情报信息综合应用平台为载体，对案（事）件类、线索类、基础类、苗头类、社会管理类信息等公安内外部信息资源进行整合共享和深度应用，为各级公安机关和各警种、各部门的侦查破案、反恐处突、人员管控、预警防范、领导决策等方面提供多方位、深层次、预警性的情报信息支持，使公安机关更加“耳聪目明”，指挥决策更加科学精确，侦查破案更加精细化，警务部署更加适应动态社会的管控要求，确保公安机关牢牢把握公安工作主动权。

3. 视频监管一网控

通过视频监控系统的互联，视频图像的并发存储、实时显示、分级调控，监控平台与110接报警系统、警用地理信息系统的连接，构建社会治安视频监控系统网络和省、市、县（区）三级联网的视频监控中心，实现全省视频监控系统的“资源共享、互联互控、一点布控、全网响应”，达到对社会治安动态掌控和对违法犯罪精确打击的目标。其中，省、市、县（区）三级公安机关监控中心平台作为调控中枢，公安视频专网和社会视频专网作为两大基础网络，主要道路出入口治安卡口视频监控系统作为防线，构成“一网控”的基础架构。据统计，截至2009年底，广东省建成视频监控探头104.7万个，基本覆盖了全省社会治安重点区域、重点部位、重点场所和重要道路卡口，形成一张覆盖全省的全天候、多层次的视频监控“天网”。

4. 警务云建设大力开展

随着大数据、云计算时代的到来，公安科技信息化建设的一些“后遗症”也逐渐暴露，如信息系统壁垒林立，数据资源没有整合共享，运算处理速度慢等。为有效解决这些问题，广东公安机关牢固树立大数据文化理念，积极运用大数据、云计算等先进科技信息技术开展广东公安警务云建设，打造广东公安科技信息化的升级版。

（1）布建一张采集网，解决信息资源的源头活水问题

随着各类社会治安要素的不断增长变化，依靠窗口、上门、盘查等人工采集模式已难以适应大数据时代的要求。广东警方紧紧抓住轨迹信息、社会基础信息、虚拟社会信息三类核心数据，大力开展信息采集，为信息化建设提供了源源不断的活水。轨迹信息自动采集，通过布设视频监控系统、动态人像识别系统、车牌识别系统、网络热点采集系统等电子化智能感知采集设备，构建一张多网叠加的智能感知采集网，自动感知、采集人员的各类轨迹信息。基础信息资源全面采集，通过与政府部门建立共享机制，获取工商、社保、民政等政务信息资源。推广“互联网+N”采集，利用警民通、自助申报平台、社区微信群等互联网应用方式，自动采集网民社会动态信息。虚

拟社会信息关联采集，自动获取网络社会的“人、地、物、事、组织”数据，并着力实现虚拟身份与现实身份的关联，全面刻画网上行为。

（2）搭建一个大平台，解决信息资源整合共享问题

海量信息资源采集获取后，必须对数据进行整合、共享，才能为之后的挖掘应用提供条件。广东警方大力开展省市两级信息资源服务平台建设，通过其信息汇聚、数据目录和数据服务功能，实现数据的一体汇聚和联通共享。以信息资源服务平台为载体，全面整合出入境、治安、交管、刑侦等常规警种数据，目前已有 631 类 1120 亿条。采用“共享关系，不共享内容”的方式，整合部分警种敏感信息。建立涉密警种敏感信息请求服务和需求响应通道，通过调用服务的方式共享敏感信息。对接公安部“公安数据云”，共享使用全国范围内的人、车、物、场、网等基础信息和轨迹。在数据完成汇聚整合以及清洗和标准化后，对其进行目录化管理和定制化服务，为各类应用提供优质、精准、高效的信息资源服务。

（3）服务全省一体化，解决信息化地区发展不平衡问题

海量数据信息汇聚到信息资源服务平台后，传统架构的数据处理平台难以承载海量情报大数据的存储和分析运算工作。广东警方在建设信息资源服务平台的同时，大力开展警务云平台建设，将海量数据合成为一片数据云，并通过警务云平台的资源弹性调配功能，提高数据处理计算能力，为信息数据的应用提供有力支撑。广东警务云平台采取省厅建设“一个中心”，广州、深圳建设“两个节点”，“一个中心、两个节点”相互连通，全广东省“物理分散、逻辑统一”的建设模式，实现了全省数据资源、计算资源的弹性调度，“哪里需要就往哪里搬”，破解了不同地市、不同警种、不同系统对数据和极端资源的需求“瓶颈”。比如，经济欠发达地区无须建设，直接接入广东警务云平台，即可调用全省最精锐的信息资源和应用能力，补充经济欠发达地区应用“短板”。此外，广东警务云平台还通过提供规范统一的服务接口和丰富多样的服务内容，使各警种可直接申请和调用各类计算资源，几分钟内便可完成以前需要几个月才能完成的应用运行环境构建，实现应用开发“短、平、快”，快速适应业务需求变化。对于因大数据量处理、计算方式复杂以及计算任务增多导致的分析速度急剧降低的情况，广东警务

云平台通过开放的云架构技术，“池化”管理各类信息资源，可以在整个广东省公安网范围内统一规划资源的弹性调度能力，一旦某个应用或服务出现性能“瓶颈”，就将计算能力自动倾斜、弹性分配。有了广东警务云平台提供的多种大数据计算技术和海量数据快速处理能力，使大量的、复杂的数据分析能够快速响应，公安信息化建设真正实现了升级换代。

（二）浙江经验

作为全国智慧警务的“排头兵”，浙江省快速推进科技防范设施建设。截至2014年年底，全浙江省已建设安装各类视频监控摄像机155万余台。仅2013年，借助视频监控破获的刑事案件就有3.3万起，抓获犯罪嫌疑人3.2万名。

1. 大数据时代呼唤数据大开发

近年来，浙江公安机关通过系统大整合，从技术层面初步解开了信息孤岛和信息碎片化的死结，为实现更大范围、更高层次的共享应用提供了现实基础。现在的问题已经更多地集中于如何实现海量数据的深度应用、综合应用和高端应用上，促使数据价值从量变到质变。结合公安机关实际情况，要重点做好以下四个方面的工作：

首先，搞好数据大调查。要深入摸排数据库中已有数据，对比现实工作中尚需而缺乏的数据，计划好下一步工作还需要的数据类型等，这些调查工作是数据大开发的最基础性工作，必须做得实而又实、细而又细。

其次，要搞好技术架构大优化。重点是加强技术构架的顶层设计，进一步优化当前技术架构，应该着重做好基于云技术的基础设施梳理；基于可视化、集成化以及一站式、点到点技术线路梳理；基于内外网交互的多种传输存储和计算实现方式的梳理；基于安全考量的战略性布局的梳理。

再次，要搞好海量数据预处理。所谓数据预处理，就是要对各类数据进行筛选、过滤、分类、关联等初加工，建立起如同“超市净菜”这样的数据仓库，并根据特定用户的需求提供定制、配送服务，以改变杂乱无章的原始数据存储状况，提高数据的应用效益。要努力实现从技术服务商向内容供应商转变，通过对海量数据进行预处理，建立公安机关数据仓库。

最后，以刚性手腕建立信息化标准规范。在大数据时代，信息共享已成为大家的共识，关键是如何才能更好地利用。要坚持从源头上解决好标准规范与信息共享问题，除了树立“共享是原则，不共享是例外”的理念外，还要树立“入库是原则，不入库是例外”的理念，做到项目管理要规范、代码体系要规范、接口要规范、数据使用和系统运维也要规范。

2. “云信息服务时代”为浙江公安实战插上翅膀

据浙江省公安厅方面统计，近年来，浙江以占全国 2.7% 的警力，侦破了占全国约 10% 的刑事案件，逮捕了占全国 8.3% 的犯罪嫌疑人，取得不凡的成绩，公安信息化功不可没。

事实上，浙江公安信息化起步较早，在 2003 年就部署了信息主导警务战略。走过“黄金十年”之后，浙江积极顺应移动互联网大潮，依托大数据支撑，优化调整警务体制机制，通过机器换人、流程再造、警力重组、服务外包及激发民警内生动力等措施，最大限度提升警务效能，推动各项工作驶入“智慧警务”快车道。

浙江公安信息化，在省厅层面搭建了以大数据应用为核心的省级公安信息资源服务平台，开启公安“云信息服务时代”。当前，浙江一线民警几乎都配备了警务通，通过这个移动终端，随时可以访问该平台数据。省级公安信息资源服务平台共新增数据服务接口 200 余个，已全面整合利用邮政通信、医疗卫生、工商税务等不同行业领域 500 多亿条数据。依托内部安全技术研究机构，立足用户体验和一线警务实战需要，研发警务信息化应用新平台、新产品。目前，已研发集信息采集、综合查询、警情查看和身份证数字芯片读取功能于一体的新一代警务移动终端，大大缩短身份核查、信息采录所需时间，基层民警终端使用率超过 70%。

3. 风险时代把好数据安全关

网络无疆界，互联网在给生产生活提供极大便利的同时，也给信息安全带来极大的风险和隐患。从一定意义上说，互联网时代就是高风险时代。处在风险时代，一定要梳理风险防范意识，提升危机管理能力，牢记“100 - 1 = 0”，没有安全保障这个“1”，其他再多也是没有意义的。目前浙江公安机关拥有 5000 多个应用系统、3000 个网站、设备和上千个 T 数据，已是一个名副其实的“巨系统”，数据安全形势紧迫严峻。

守住数据不丢、网络不断、系统不瘫痪这条底线，必须时刻关注九大安全：一是内容安全，杜绝“一机两用”。二是运行安全，重点关注运行平台是否可靠，运行制度是否完善，运行值守是否到位。三是边界安全，确保内外网交互不出纰漏。四是终端安全，严防警务通、平板电脑等终端遗失，并确保这些终端联入系统的安全性。五是传输安全，确保网络拥有足够的带宽和稳定性，并严防发生数据丢失事故。六是系统开发安全，防止源代码流入社会，并做好知识产权保护工作。七是通信保障安全，提高系统的稳定性，并确保一旦出现危机，能够快速反应、迅速排除。八是队伍自身安全，坚持拒腐防变警钟长鸣，反腐倡廉常抓不懈，与运营商等公司企业打交道时洁身自好。九是大安防产业的健康发展，特别是要加强视频监控资源管理，防止侵害群众的隐私权。

第二节 当前我国犯罪情报信息工作存在的主要问题与对策

公安部提出了“以信息化为龙头，带动刑侦工作实现新的突破”的指示，使犯罪信息情报工作越来越受到各地公安机关领导和民警的高度重视。但和欧美一些发达国家的犯罪情报信息工作相比，我国的犯罪情报信息工作还存在较大的差距。无论是从情报信息理念、硬件设备、软件开发、组织结构、人员数量、工作模式，还是情报技术等方面都存在不少问题，影响着我国犯罪情报信息工作的发展。

一、 当前我国犯罪情报信息工作存在的主要问题

(一) 犯罪情报信息部门内部的主要问题

1. 综合情报部门缺少有力抓手

首先，情报搜集的功能缺失。正如上文所介绍的，综合情报部门是在“情报主导警务”理念下，顺应时代发展的产物，整合了多个业务警种的情报信息用来分析研判，所产生的情报产品用以辅助领导决策或流转给实战部门完成业务工作，这就使得综合情报工作与实战部门的专业情报工作在实际工作中产生了交叉。在实际工作中，专业警种往往会觉得被综合情报部门揽了活、抢了功。综合情报部门本身不负责情报搜集工作，其用于分析研判的情报都是通过其他部门和警种提供，当后者有了怕被抢功的顾虑后，其提供情报的动力必然会受影响，综合情报部门掌握的情报资源只是部分资源，直接影响情报成果的产出，进而影响整个犯罪情报工作的成效。

其次，情报落地反馈的功能缺失。随着全国情报系统平台的构建，情报分析产品在实际工作中被寄予厚望，现在甚至有一种“情报部门由过去的工具变为了大脑”的说法。但就目前情报工作的实际，这个“大脑”只完成了分析和下发功能，而缺少了重要的“反馈”流程。一来从职能划分的角度来看，情报落地工作交由各业务警种负责，其本身不负担情报核实工作；二来从制度建设的角度来看，目前尚未形成常态化的情报反馈机制。这就导致了综合情报部门的分析与实战的脱节，无法通过反馈进行自我修正和学习，也就无法进行二轮乃至多轮的深度研判，致使模式性经验无法形成，情报产品无法发挥出应有效能，这对于实际工作是十分不利的。

2. 收集的犯罪信息中，静态性的犯罪信息多而动态性的犯罪情报少

在目前建立的犯罪情报信息数据库中，占绝对数量的是静态性的信息，如人口信息数据库、已破和未破案件数据库、无名尸体数据库、枪支弹药数据库、被盗机动车数据库、在逃人员数据库等。但对于民警日常工作及案件侦查过程中收集到的一些动态信息（如监控对象的活动情况等）却不进行录入建库，造成一些线索型信息的极大浪费。其实质是强化了犯罪信息却弱

化了犯罪情报。犯罪信息和犯罪情报是两个不同的概念，犯罪情报是根据某种特殊的需要而有目的进行犯罪信息的收集，经过分析后而形成的特殊信息，它更具有动态性和时效性的特点。要改变侦查工作“从案到人”的模式，真正实现“情报先行”，靠传统的静态性的犯罪情报信息是远远不够的，一定要花大力气建设动态性的情报信息数据库，尤其是对于有组织犯罪、毒品犯罪、经济犯罪，只有建立相关的动态数据库和专案数据库，才能真正做到将案件侦破在现实危害发生之前。

3. 犯罪情报信息的共享性差

犯罪情报信息的共享性是其发挥作用的前提条件，可以说情报信息的共享性与效能是成正比的。但是目前各地公安机关的情报信息工作基本处于各自为战的状况，这也是情报能力低下的表现。当前在犯罪情报信息共享性方面存在的问题突出表现在以下两个方面。

首先，犯罪情报信息的地区私有化观念。有些地区的公安机关将收集的犯罪情报信息作为自己的私有资源，认为是自己花了大力气收集到的，不能无偿提供给其他地区的公安机关，在公安网上设 IP 密码，不允许其他地区公安机关进行查询。这种信息私有化的观念与信息共享化相悖，不利于发挥犯罪情报信息的功效。

其次，情报信息平台的兼容性不够。由于各地公安机关在构建情报信息平台时缺乏统一指导和规范，在数据的种类、软件开发和数据库规格上都存在较大的差异，使得构建全国性的总数据库和进行数据交换、传输时存在困难。大量的犯罪情报信息数据库建在省、市一级，全国性的专业数据库偏少。

4. 情报信息利用模式单一

犯罪信息是对与犯罪有关的物质材料的描述，犯罪情报则是对犯罪信息的汇总、评估、综合和解释的结果，因而，犯罪情报可以理解为是信息加上了某种东西后的产物。尽管犯罪信息可以被储存和组织起来并进行检索，但是，犯罪情报分析的结果所提供的内容远远大于它们。因此，犯罪信息只有经过科学的分析才能转变成打击犯罪的战斗力，为实战服务。当前情报信息利用模式集中在被动式的利用模式上，一般是在案件发生后，根据现场获取的证据和线索，进行检索和查询，这种被动模式的弊端是无法将犯罪制止在发生之前，而且随着犯罪嫌疑人反侦查意识的提高，并不是在每个犯罪现场都能提取到大量有价值的犯罪痕迹物证，很难利用传统犯罪痕迹、物证进行比对查询的途径寻找犯罪嫌疑人。而主动式的利用模式则是通过情报分析部门对收集到的情报信息进行分析，直接向实战部门提供各种有效的战略和战术情报，主动发现犯罪、控制犯罪、打击犯罪，提高公安机关对犯罪的综合控制能力。而目前我国的犯罪情报信息工作中，信息性工作占主流，情报性工作偏弱，即较为重视犯罪信息的收集，对信息的研究和分析工作较少。

5. 重信息系统建设轻人才建设

目前，一些地方对公安机关在犯罪情报信息工作建设过程中，只满足于硬件设备的购置和软件系统的开发，却忽视了对犯罪情报分析人员的培养和队伍的建设。导致犯罪情报分析人员的素质参差不齐，一些犯罪情报分析人员知识结构单一，有的只懂计算机，不懂刑事侦查和刑事技术，分析情报信息的能力不强、水平不高。有的具备公安业务方面的实战经验，但计算机操作技能低下，无法上网查询分析，导致分析结论不能切中要害、没有深度、时效性不强，无法指导侦查实战部门的打防实践工作。此外，情报分析师的数量尚无法满足客观需要。

（二）存在于犯罪情报信息部门外部的主要问题

由于受到观念、资金等条件的限制，目前我国各地的犯罪情报工作发展极不平衡，主要表现在以下几个方面。

首先是情报理念上的不平衡。犯罪情报信息工作是一项投入大、见效慢的基础工作，有些地方公安机关的决策者的情报理念落后，他们认为犯罪情报信息工作的建设是无关大局的问题，不重视犯罪情报信息，严重影响了犯罪情报信息工作的发展。另外，由于有些地区公安机关缺乏对先进的犯罪情报信息技术方法及理念的研究，导致对犯罪情报信息的误解和不解，以致缺乏建设的主动性和紧迫性。

其次是硬件投入上的不平衡。我国幅员辽阔，各地的经济水平有很大差异，在现有的公安体制下，各地公安机关的经费主要来源于地方财政，因此在犯罪情报信息建设的硬件建设方面会受制于地方财政状况，各地之间在硬件投资上会有较大的差异。

最后是人才数量上的不平衡。犯罪情报信息建设需要大量的专门人才，由于地区经济的差异，越是经济发达地区的公安机关，越是能吸引大批科技人才，而经济欠发达地区的公安机关，由于受经济条件、人员编制等因素的影响，招募不到足够的优秀人才。这种人才上的恶性循环应当引起公安决策部门的高度重视。

二、 解决我国犯罪情报信息工作中存在问题的基本对策

（一）转变观念，加大投入，加快情报信息的基础建设

情报信息工作是一项长期性的系统工程，公安机关必须高度重视情报信息在当前打击犯罪、维护社会稳定中的重要作用。在已有资源的基础上，整合情报信息资源和硬件设施，由省一级公安机关统一数据标准和应用平台，加大在情报信息系统硬、软件方面的投入，加强对民警的相关培训，使情报信息成为破案力、战斗力，提高打击犯罪的效益。

（二）各地应根据具体情况，建立一定数量的动态性情报信息库

对于有组织犯罪、毒品犯罪等需要长期经营的案件或一些侦破周期较长、重大的刑事案件，必须建立专案情报信息库。要努力改变在案件侦查过程中，侦查人员将调查过程中所获得的情报信息记在笔记本上的模式，应当把相关的涉案信息录入信息库，建立动态性的情报信息库。只有在这种工作模式下，才能发挥出专案信息的最大价值，也有利于情报分析人员对专案的研究和分析。

（三）主动拓展情报信息的来源和渠道，赋予情报部门更多职权

从目前的情况来看，公安机关情报信息的来源公开渠道多而秘密渠道少，情报信息的质量也参差不齐。随着刑事犯罪日益智能化，公安机关必须拓展情报信息的来源，加强秘密侦查手段建设，发挥刑事侦查基础性工作的

作用，充分利用秘密侦查渠道获取高质量的犯罪情报信息，实现打击的精确化和主动性。

（四）加强对民警收集、利用情报信息技能的培训，提高民警的情报信息意识

情报信息工作需要全警参与，提高全体民警的情报信息技能、增强全体民警的情报信息意识是重要的基础。只有每一名民警都能切实意识到情报信息工作对打击犯罪的重要性，并能自觉在工作中加以利用，才能将犯罪情报信息真正转化为战斗力。也只有当民警通过对情报信息的利用有效推进了打击工作时，才能使情报信息工作变成良性循环。

（五）加强犯罪情报分析人员的队伍建设

要把政治坚定、业务精通、思想敏锐、掌握计算机信息技术应用和经验丰富的人员充实到犯罪情报分析工作岗位上，并通过集中培训等方式提高情报分析人员的综合归纳、文字表达、信息分析处理等方面的技术水平。同时要提高犯罪情报分析人员的政治、经济待遇，激发其工作热情和积极性，促进犯罪情报分析队伍的不断壮大。

（六）打破情报信息的地域观念，努力实现情报信息最大范围的共享

犯罪情报信息的收集尽管带有地域特点，但共享范围的大小决定了其价值的大小，因此，公安机关在情报信息上必须打破地域观念，实现最大范围的共享。可以在技术方法上，利用访问权限的分级，限制访问者对无关信息的访问，确保公安网络的安全。

第三节
其他国家和地区犯罪情报信息工作概览

犯罪情报工作发达的国家和地区一般都具有很长的工作历史，发展过程漫长，并不是一蹴而就在短时间完成的。美国的犯罪情报工作从 18 世纪初就开始建立了比较系统的犯罪情报体系和一整套工作规范，经过百余年的发展，才建立起了目前雄居世界的犯罪情报工作体系。而英国的犯罪情报工作的历史也相当久远，其能成为目前欧盟国家犯罪情报信息方面的大国，担负着所有欧盟国家警察机关犯罪情报业务培训的任务，也是经历了百余年的发展。但尽管其发展历史久远，真正实现犯罪情报工作的现代化是依托着信息技术的发展，因此，在犯罪情报技术手段方面飞跃式的发展也是在信息技术快速发展之后，从这点来看，我国在情报技术手段方面与其并无太大差距。目前，更需要借鉴的是犯罪情报工作比较发达国家和地区的情报理念、情报工作模式、情报工作体系和方法。

从这些国家和地区的犯罪情报工作体系来看，其工作体系层次非常清楚，从上至下每个层次都有独立的犯罪情报部门进行情报的收集、评估、分析等工作，而且根据层次的不同，其工作任务和职责也有所区别，工作的侧重点有所差异。而任何一项工作从其他工作中独立出来，一个重要的标志就是建立独立的机构。犯罪情报工作的开展，同样需要有独立的组织机构。从这些国家和地区的情报工作队伍建设来看，都具备了独立的组织机构，而且机构的人员数量也非常庞大，如美国联邦调查局中涉及情报的处室人员编制充足、香港特别行政区刑事情报队伍中从总部、总区到区都建有独立的刑事情报组织。

犯罪情报分析是犯罪情报工作体现其效能的最后环节，其重要性不言而喻。凡是犯罪情报工作发达的国家和地区，犯罪情报机构中犯罪情报分析都是一个独立的部门。犯罪情报分析已成为世界上先进国家执法机关中非常核心的工作，能否建立以电子数据为主要工具的情报分析模式是能否提升警务效率及战斗力的关键。犯罪情报分析作为专业性极强的工作环节，在这些国家已经形成了非常科学、规范的工作流程，从相关信息的选择、评估，到分析研究、得出结论及结论提交都成为非常严密的步骤，这些国家的犯罪情报分析工作流程都非常相似，也便于国家之间相互交流犯罪情报，共同打击跨国犯罪。

犯罪信息数据建设是犯罪情报工作的基本源泉，如果信息数据的数量有限，犯罪情报分析工作就成了“无水之源，无米之炊”。这些国家和地区的犯罪情报工作之所以能达到很高水平，能成为指导警务工作的重要动力，大量的犯罪信息数据是其基本的保障。在犯罪信息数据的建设中，这些国家和地区不仅建立了大量的静态犯罪信息库，如犯罪人员资料、案件资料、机动车辆资料等，还建立了许多动态犯罪信息库，通过跟踪监视等秘密侦查手段获取的犯罪嫌疑对象的信息资料都通过数字化的形式录入犯罪信息库，以便将这些动态的信息进行共享和对犯罪情报信息进行准确的分析研究，以指导案件的侦查工作。从犯罪信息的来源看，他们不仅重视从公开渠道进行犯罪信息的收集，也非常重视从秘密渠道进行收集，各种侦查情况报告、犯罪现场勘查资料、调查访问笔录、跟踪报告、监听报告等都作为犯罪信息录入犯罪信息数据库中，侦查人员将每天调查工作中获取的线索都以信息报告表的形式提交给犯罪情报部门，由犯罪情报部门录入犯罪信息库中。大量的犯罪信息数据就这样逐步形成，犯罪情报分析在大量数据的基础上才能得出科学准确的结论，为打击、控制、防范犯罪活动的决策起辅助作用。

同时，在这些国家和地区，犯罪情报工作成为指导警务工作的开展已成为现实，几乎所有警务工作决策都是在相关的犯罪情报分析的基础上进行的。这是世界警务工作发展的潮流。犯罪情报工作指导警务决策是警务工作信息化的要求，使得警务工作更具方向性、准确性和科学性，在这种模式下，警察的情报信息理念更为强化，警察的工作效率更高，犯罪情报工作成为警务工作中最为重要的环节，而犯罪情报部门也成为警察机构中最核心的部门。

一、 美国犯罪情报工作简介

（一）美国情报工作发展历史

美国的情报活动是为其称霸全球的战略利益服务的，每年用于情报活动的费用超过300亿美元。它不仅拥有庞大的组织体系、先进的技术设备，而且涉及政治、军事、经济、外交和科技等各个领域，触角遍及全球，是世界情报大国。由于美国情报机构的管理结构相当庞杂而隐蔽，其确切数目很难说清。但是从管理系统方面来看，可分为政府情报系统和军队情报系统，其中有中央情报主任办公室、国家安全局、中央情报局、国家保密局、国防情报局、国家侦察局、国务院情报研究局、各军种的情报部门、联邦调查局，以及财政部、能源部、禁毒局的情报单位。

美国的情报工作创建于18世纪70年代华盛顿领导的独立战争时期。1882年，随着美国一支强大海军舰队的形成，海军部建立海军情报科。1885年，陆军部成立陆军情报科。1908年，司法部建立了调查局。从1915年开始，美国的情报工作在国务院的领导下进入了一个多元化时代。陆军情报处、海军情报处、安全勤务局、司法部调查局在第一次世界大战中都扩大了机构和人员编制，拓展了情报工作手段，并在与美国利益有关的地区和国家建立了间谍网。1924年，司法部改称联邦调查局，并进行了彻底整顿。在第一次世界大战后期，司法部调查局取代安全勤务局成为美国国内安全的主要机构。第二次世界大战初期，各情报机构间的门户之见不断增多，各方面上报的情报通过国务院各地区司、处直接呈送国务卿和总统。1941年7月，德苏战争爆发后不久，罗斯福总统决定成立直属总统领导的联邦政府情报协调局，具体负责机构协调和领导中央情报局的工作以及情报的评估、发送和特别行动。在情报协调局的基础上很快组建了适应战时需要的联邦政府中央情报工作体制。

第二次世界大战结束后，为适应冷战形势的需要，美国情报工作进入大调整时期。鉴于各情报机构的矛盾加深，杜鲁门总统于1945年9月20日决定解散战略情报局，成立“研究与情报处”（编制900人），归属国务院领导；另成立一个“战略勤务分队”负责谍报与反谍报工作，归属陆军部领导。1946年1月22日成立国家情报委员会，负责策划、推动并协调“一切对外情报活动”。国家情报委员会的执行机构仅8个人，被称为中央情报组，具体负责对上报总统的各方面情报进行核实评估，整理后呈送总统。在一年多的时间里，中央情报组的人员扩充到2000多名。1947年7月，国会通过的“国家安全法”，授权总统成立中央情报局、国防部空军部和国家安全委员会，并决定撤销中央情报组。

在情报机构中，中央情报局（Central Intelligence Agency，缩写为 CIA）是美国政府情报系统的重要组成部分，它隶属于国家安全委员会直接领导。“珍珠港事件”之前，美国没有一个中央情报组织来分析搜集的情报，并把它送交给决策人，其秘密工作是靠军事情报部门和联邦调查局负责。“珍珠港事件”后，美国政府感到需要一个集中统一的情报机构来搜集、分析情报，协调各方面的情报活动，以消除各情报机构之间的倾轧。于是，罗斯福总统下令将情报协调局扩大为战略情报局，负责搜集、分析战略情报并广泛开展敌后准军事活动。1947 年 7 月，中央情报组改为中央情报局（CIA），工作人员大部分是原来战略情报局在欧洲干这一行的老手。

2001 年“9・11”事件之后，负责调查该事件真相的一个独立委员会得出结论，认为美国各情报机构在“9・11”事件以前各自为政，互不通气，是美国未能阻止恐怖袭击发生的重要原因。为此，该委员会向布什总统提出建议，要求成立一个新的组织，对美国所有情报和间谍机构进行全面监控。2004 年，布什总统接受了这一建议，同意成立国家情报局，对美国 15 个情报机构进行监控。2004 年 12 月，美国国会通过《情报工作改革法案》，批准设置享有广泛战略职权的国家情报局，负责全权管理并协调中央情报局（CIA）、国防情报局（DIA）等美国的 15 个情报机构构成的整个情报系统的情报搜集工作。根据机构设置，国家情报局局长将统管三大部分，即新增设的国家反恐怖主义中心、国家反扩散中心以及原有的隐私和公民委员会。这三大中心再分成军方、外交和国内三大部分。其中，军方这一层下设国家安全部以及包括海、陆、空三军情报部门在内的 7 个军方情报部门；外交方面的情报部门主要指美国中央情报局；国内方面的情报部门则主要指包括联邦调查局在内的 6 个情报机构。美国国家情报局局长是美国情报工作的最高负责人，堪称美国的“情报总长”。根据《国家安全法》规定，中央情报局局长在总统和国家安全委员会的建议、批准下，有权检查所有政府情报机构提供的情报，享有支配 1 亿美元的“特殊应急金”的权利，并拥有绝对用人权。中央情报局局长兼任中央情报主任，是总统和国家安全委员会情报事务的顾问，国家安全委员会高级情报委员会主席，是美国整个情报界的负责人，负责整个国家情报体系的工作，确定整个情报工作方针、情报任务的分配和情报经费的配额。

中央情报局的任务主要有：搜集、编写和印发国外情报和反间谍情报，包括非法途径得来的情报；搜集、编写和印发国外有关毒品生产和贩运的情报；协调其他部、局、署在美国国内外的反间谍情报搜集和资料搜集；执行总统批准的各种特殊任务；按照国家安全委员会的指示，执行情报系统共同关心的任务；执行或者承办同其法定职能有关的技术系统和设备的研究、发展和采购任务；对中央情报局及其联系人员采取审查等必要手段，以保护中央情报局的各种措施、活动、情报资料、财产和雇员的安全；授予中央情报局在国内进行侦察的权力（如电子监视、人身搜查、跟踪、情报等秘密活动，并可秘密渗入民间团体和企业等）。中央情报局法定编制 2 万人，但目前加上外围人员，共约 30 万人，仅在华盛顿地区就有 2.2 万余人。1996 预算年度美国情报界的活动经费是近 300 亿美元，中央情报局预算年度经费是 30 多亿美元。

（二）美国犯罪情报机构工作职责

联邦调查局总部设在哥伦比亚特区华盛顿市宾夕法尼亚大街，它是美国目前最大的调查与犯罪信息网络的中枢。目前，联邦调查局既是美国联邦政府的调查机构，也是美国的情报机构。编制人员 1.6 万，而目前共有 2 万多名工作人员，其中，专家 400 多人，年度预算经费 7 亿美元。按照美国法律规定，联邦调查局的职责是调查所有违反联邦法律的民事和刑事案件，并负责搜集那些从事危及国家安全活动的个人或组织的情报，处理一切有关国内安全的事务。有逮捕权，对 185 种调查事项拥有管辖权。

1. 美国联邦调查局的犯罪情报工作职责

在美国联邦调查局内，有多个处涉及犯罪情报信息工作。其具体部门和工作职责如下：

（1）刑事犯罪信息处（Criminal Justice Information Service Division）的主要职责。刑事犯罪信息处负责所有犯罪调查信息资料及档案的管理，除犯罪前科等信息资料外，对于犯罪情报及有关信息也建档管理，联邦调查局其他各部门在进行调查工作时均可向该单位请求支持，该处数据姓名索引就有7500万人名文件，每年平均增加83万个姓名档案。

（2）信息来源工作处（Information Resources Division）的主要职责。信息来源工作处主要工作分别为电子搜证及计算机技术支持，电子搜证包括电话监听、窃听、秘密录音录像等，美国各执法机关仅联调局及缉毒局拥有电话监听权力，其他联邦执法机关因其侦查案件性质不符合申请监听权要件，如涉案对象犯罪行为符合申请监听的规范，则必须会合该两单位办案方得以监听电话。另计算机技术部分用以支持各单位涉及计算机之调查工作，该单位人员除负责器材研发外，必要时亦在第一线提供专业技术支持。

（3）国家安全处（National Security Division）的工作职责。国家安全处负责反情报反渗透工作，该处设有情报科负责相关情报的整理与分析工作，美国为言论自由国家，自发性反政府或推翻政府言论或结社活动并不受法律限制，如涉及恐怖活动则由新设立的反恐怖活动处侦办。国家安全处的工作项目仅限于涉及外国间谍活动的情报信息及美国国民外患罪侦办。

（4）犯罪调查处（Criminal Investigative Division）的主要职责。犯罪调查处是该局最主要的犯罪调查业务单位，主要负责对触犯联邦法律的犯罪案件的调查，犯罪调查工作均由该单位领导负责指导。在犯罪调查处设有情报科，负责犯罪情报的整理归档、协调和交换。

（5）调查工作支持处（Investigative Service Division）的主要职责。调查工作支持处为1988年新成立单位，其下设有情报分析分处，功能主要在于为确使联调局所有调查人员能跨越数据文件或单位分际，而取得并运用所需有关情资，希望同时借以强化该局情报分析能力。

（6）重大事件反应小组（Critical Incident Respond Group）的工作职责。重大事件反应小组主要负责重大危机事件的处理，下设有危机处理小组、人质危机谈判小组、犯罪行为研究小组、特勤小组训练队等单位。原属犯罪调查处的国际事务分处（International Relations Branch）目前归入了重大事件反应小组，主要负责督导联邦调查局驻海外工作人员的业务，包括与国际刑警组织的联系、驻外情报机构人员的联系、驻华盛顿人员的联系工作。

二、 澳大利亚犯罪情报工作的改革和情报分析工作

（一）澳大利亚犯罪情报工作的发展状况

澳大利亚警察部门非常重视情报信息的收集、管理和研究工作，从20世纪90年代末期开始进行犯罪情报工作的改革，使国家的犯罪情报工作有了突飞猛进的发展。

1999年，司法部部长阿曼达·万斯通在制订警务改革计划时，将“提高收集战略情报能力”作为很重要的一个方面提上议事日程，并开始进行一系列的犯罪情报工作改革措施。在改革过程中，一方面，澳大利亚警方非常注重自身情报信息的收集、积累、分析和管理工作，建立信息共享、分类科学、查询快捷的信息数据库。另一方面，还注意充分利用社会各方面的信息情报资源，与国家犯罪情报局、国家金融监测中心、国家证券与投资委员会、移民与多元文化事务部等机构和组织建立起密切的联系，由此建立广泛的信息情报网络。

根据澳大利亚总理约翰·温斯顿·霍华德下令建设的国家DNA和指纹样本电脑网络数据库，该数据库与英国、美国、新西兰等国已建成的数据库系统标准相似，各地警务人员可从联邦监狱犯人和犯罪嫌疑人身上采集指纹和DNA样本，然后通过激光数码技术把这些记录扫描进数据库，“罪犯系统”已整理出大约2.5万个指纹记录、480万个掌印记录和超过18万个从各犯罪现场提取的尚未破案的痕迹。警方认为，该数据库的建立，将帮助他们破解40年内悬而未决的疑案。

（二）澳大利亚警察部门的情报分析工作

澳大利亚国家警察局在侦查工作中非常重视对犯罪情报的分析。警方的犯罪情报分析人员中有宣誓警察（正式的国家编制警察），也有非宣誓警察（警察部门聘用的文职人员）。这些人员都是各个领域的专家，具有较高的学历。澳大利亚警方认为：情报分析人员与侦查办案人员有明显的区别，情报分析人员不仅要分析研究犯罪人与案件，而且要研究案件的背景信息，不

仅要提出问题，还要提出结论性的建议，供上级及相关部门决策和参考。

澳大利亚警方的犯罪情报分析人员从侦查人员提供的视频监控数据、电话窃听数据、秘密拍摄及跟踪监视数据、秘密力量提供的情报信息、海外机构提供的信息（澳大利亚警方在国外设有执法联络官）、金融调查数据以及其他各执法机关提供的数据作为信息来源，对所有信息进行分类、归纳、检索、分析，最后将得出的结论提供给要求情报支持的单位和上级领导。

澳大利亚警方对收集到的信息不是简单罗列，而是对其进行综合分析，并对搞好下一步的警务工作提出建设性的意见和建议。澳大利亚通过金融、经济领域立法，建立了相应的工作机构，形成良好的运作机制。澳大利亚警方认为，现代社会是一个信息社会，不重视和充分利用信息资源，将无法跟上这个时代，最终被社会历史潮流所抛弃。

三、 英国的国家犯罪情报模式

由于英国独特的地方自治和传统原因，英格兰、苏格兰和威尔士警察部门之间相互独立，在犯罪日趋跨区域态势的情况下，如何实现犯罪信息资源共享，加强地区警察部门之间、中央警察部门与地方警察部门之间的情报沟通显得非常重要。为此，英国在内政部下设国家犯罪情报局，其经费直接由中央政府拨款，其职责是负责领导全国警察部门的情报收集、分析和评估工作，实现资源共享，确保国家犯罪情报服务的高质、高效。英国国家犯罪情报模式就是指在建立中央警察部门与地方警察部门之间、地方警察部门之间畅通、灵敏的情报共享系统，根据汇总、分析得出的情报指导各地警察部门开展工作，使警务行动更有方向性、目的性和提高工作效益。各地方警察局都设有专门的情报处，情报处的人员编制占全警察局警察人数的3%—5%。

（一）英国警察部门中情报工作模式的实施

在英国警察部门中，情报指导警务指挥的模式是建立了一种会议制度，会议由警察局的最高指挥官主持，每一周或两周开一次。会议讨论的内容主要是接下来一周或两周的时间里怎样进行警务资源的调配和使用。会议的决策是建立在情报分析部门对各种情报信息分析结论的基础上。其流程大致包括收集犯罪信息，提炼、记录犯罪情报，对犯罪情报的研究与发展分析，指挥官在此基础上进行决策加以解决。会议决策形成后，再把决策传达到各个警务工作的执行单位，其中非常重要的一部分是下一步收集犯罪信息的重点，以及决定在收集完犯罪信息后应当进行怎样的分析。每一次决策都需要对执行情况进行反馈和评估，这种反馈能使决策者不断提高以后的决策质量。

（二）英国国家情报工作模式对警察思维的四个转变

英国国家情报工作模式不仅改变了警务工作的传统模式，更为重要的是改变了英国警察的思维模式，这种思维模式的转变具体体现在以下四个方面。

1. 犯罪情报指导警务工作理念的确立

即让每个警察都明确了警务工作只有在犯罪情报的指导下才更具目的性和正确性，情报不等同于信息，情报是有目的的信息，是可以帮助警察人员解决实际问题的信息。

2. 情报共享性理念的确立

即情报不是一个人的信息，也不是警察部门中某一些人的信息，而是属于整个警察部门。通过一些秘密探查力量获取的信息也不例外。犯罪情报的共享范围越大，其在警务工作中的价值也就越大。

3. 对情报工作的独立性和重要性的认识

英国警察开始认识到了情报工作不是可有可无的，必须有独立的组织机构，并由警察部门的领导亲自负责该项工作，而不是由警探和刑事犯罪专家进行领导。目前，英国各警署都成立了专门的犯罪情报组织，负责将所有警察收集来的信息进行汇总、分析，帮助警察署领导层作出决策。

4. 决策的反馈和评估制度的必要性

任何决策都可能会出现错误，在犯罪情报分析基础上进行决策必须进行回顾，看看是情报分析结论出现的问题还是决策者思维方式上出现了问题，这样不断地反馈和对决策的评估是促进情报分析工作质量和决策者决策能力的重要途径。

（三）英国国家犯罪情报工作模式实施中的经验与问题

英国在实行国家犯罪情报工作模式过程中积累了不少的经验，才发现了一些问题，引发了一些讨论和思考。

1. 保密问题更为突出

犯罪情报的共享性越大，保密问题就更为突出。在情报工作模式下，警察部门中所有人都可以获取相关的犯罪情报，这本身就隐藏着非常大的风险因素。因此，这种工作模式是否能够成功，与犯罪情报保密工作的好坏、警察队伍的素质有非常密切的关系。

2. 街面警力的减少对公众安全感的影响

在情报工作模式下，穿着警服在街上进行巡逻的警力减少了，更多的英国警察坐在办公室进行情报的分析。尽管警务工作水平提高了，犯罪率下降了，老百姓看到街面的警察越来越少，安全感就开始下降。因此，如何通过各种途径来提高公众的安全感是情报工作模式应当解决的问题。

3. 情报工作主体的广泛性不足

在情报工作模式下，英国的许多警察认为尽管犯罪情报工作很重要，但只是少部分专业人员和情报分析专家的职责，自己只是负责收集信息而已。但是，情报工作模式的实践表明，如果要使整个情报体系正常运转，就需要发动所有的警察人员参与，非情报专业人员不仅要负责收集信息，情报分析的结论也应当来自所有警察的共同努力，而且在某些警务工作中，警察也需要自己对所需要的情报进行分析研究。只有所有警察在工作中都按照情报工作模式去工作，这种模式才会成功。

4. 犯罪信息收集途径的多样化问题

在情报工作中，犯罪信息的收集非常重要，它们来自不同的途径，有公开的，有秘密的，但英国警察发现有些便利的途径在工作中往往存在被滥用的风险，如警探们总是觉得花钱买情报比自己去收集犯罪信息更为简单和有价值，因此，在侦查中就不认真通过其他方式去收集犯罪信息，最后会形成一种依赖，这种单一渠道的情报会对工作产生危险，导致方向性的错误。因此，需要不同的警察通过不同的手段、途径收集各种犯罪信息，增加犯罪情报的可信度。

5. 犯罪情报分析主体的多样化问题

英国犯罪情报分析的组成中大多是警察部门的文职人员，因为在分析工作中需要具有专门知识的专家来做，因此，英国警察部门招募了许多相关的专家进入情报分析部门当中。对一些特殊的情报分析工作，也会委托给一些社会专业机构进行，当然这种委托往往是匿名的。有时他们会临时请一些警察系统外部的专家帮助他们进行情报分析工作，有时甚至是地方政府部门的工作人员，因为他们对地方性的事务比较熟悉，他们的参与对犯罪情报分析会有很大的帮助。

四、 我国香港特别行政区刑事情报工作简介

我国香港特别行政区警方的犯罪情报工作模式带有明显的英国特色，但是在多年的发展中结合香港本地实际有许多的改革和突破，其合理的机构设置和先进的工作理念值得借鉴。以下主要对香港警方刑事侦查部门的情报工作系统进行介绍。

(一) 香港警方刑事情报科的职能和组织结构。

刑事情报科是香港警方刑事部的重要组成之一，刑事部由刑事部 1 名处长负责，下设刑事部总部、刑事部支援科、商业罪案调查科、毒品调查科、有组织罪行及三合会调查科和刑事情报科。

1. 刑事情报科的基本职能

刑事情报科的基本职能包括收集与黑社会及有组织罪行有关的情报；整理、分析、储存有关资料并分发至有关单位；监视黑社会及有组织犯罪团伙的活动；管理刑事情报体系；管理刑事情报电脑系统；与其他政府机关交流刑事情报；与有关执法机关交流刑事情报；提供跟踪及监视支援；支援绑架案件的侦查；在反恐怖行动中提供情报支援。

2. 刑事情报科的组织结构

刑事情报科下属甲、乙、丙、丁、戊 5 个大队，在编人员（包括文职人

员）300 余人。每个大队有不同的任务和职责。其中，甲大队负责情报搜集；乙大队负责情报分析；丙大队负责管理刑事情报体系、策略性研究、中央电话联络组的联络事务，联络本地及海外执法机关，提供刑事情报分析训练，黑社会及赌博专家；丁大队负责跟踪和监视；戊大队管理刑事情报电脑系统和人事审查。

（二）香港警方的刑事情报体系介绍

1. 刑事情报体系框架

香港警方的刑事情报体系分为 3 个层次，即香港警察总部层（第一层次）、总区层（第二层次）和区层（第三层次）。第一层次的总部层是刑事情报科，它是情报体系的统筹机构。刑事情报科还根据实战需要另设了商业罪案调查科情报组和毒品调查科情报组。第二层次的总区层是各总区的刑事情报组，香港共有 6 个总区，每个总区下设 3 个至 5 个区，每个总区都设有刑事情报组。第三层次是区层的刑事案情报组，每个区都设有刑事案件情报组。

2. 刑事情报组织的基本功能

尽管不同层次的刑事情报组织有不同的任务和职责，但其基本功能是相同的，具体包括鉴定和收集有潜在情报价值的资料；将资料储存于刑事情报电脑系统；分析刑事情报；将分析后的情报分发至有关单位；行动支援；联络工作。

3. 犯罪信息资料来源

香港警方犯罪信息资料主要来自 6 个方面：罪案简报；警方线人；资料报告表格；公众的举报；警方调查报告；其他政府部门及海外执法机构。

第二章 犯罪情报分析概述

人类社会进入20世纪以后，信息化的浪潮席卷而来。近年来世界上发生的许多重要事件，都与情报信息有非常密切的关系。伊拉克战争中，美国精确打击伊拉克的军事目标就是情报战的成功范例。而美国的“9·11”事件的惨痛损失，也显示出了美国情报机构的一些重要失误造成的巨大损失。真可谓“成也萧何，败也萧何”，充分显示出了情报信息工作在国家政治、经济、军事等各领域的重要地位。

以信息技术为主要指标的高新技术革命已经引起了社会各个领域的深刻变革，信息技术的进步及其在社会各个领域的广泛应用，对一些传统的技术观念和方法提出了严峻挑战。人们常说现在是一个信息时代，信息革命是人类历史上的一次重要革命，与工业革命一样将会对人类社会的发展产生极其重要的影响。作为打击犯罪的侦查部门，在这样一个大的社会背景下，其工作模式、工作重点也必然会受到信息化的影响，产生深刻的变革。

信息化的概念起源于20世纪60年代的日本，首先是由一位日本学者提出来的，而后被译成英文传播到西方，西方社会普遍使用“信息社会”和“信息化”的概念是20世纪70年代后期才开始的。我国是在20世纪80年代开始引入“信息化”这个概念，并于1997年召开了第一次全国信息化工作会议，会议对信息这一新名词进行了概括和总结，提出了信息化是指培育、发展以智能化工具为代表的新的生产力并使之造福于社会的历史进程①。近来，也有学者提出：信息化是指在国民经济各部门和社会活动各领域中普遍应用先进的信息技术，培育、发展以智能化工具为代表的新的生产力，使之造福于社会，从而极大地提高社会劳动生产率和工作效率，并改善人民的物质和文化生活质量的历史过程②。可见，对于信息化的理解不妨从以下几个角度进行：首先，信息化是一

---

① 张辉、张宝瑞：《浅谈刑侦工作信息化》，载《辽宁公安司法管理干部学院学报》2002年增刊。

② 参见《信息化与信息产业名词解释》，http：//www. cssti. cn/qyxxh/qyxxh_ read. asp？ twoid =4。

个过程，是社会发展的必然趋势；其次，信息化是以信息技术的普遍应用为基础，发展智能工具为代表的新的生产力；另外，信息化要具体外化为生产率和工作效率的极大提高。

随着警务改革的深入，警务工作的信息化开始受到我国公安机关的高度重视，大量的犯罪情报信息在警务指导及提高警务工作效益方面发挥了巨大的作用。同时，在警务工作信息化的进程中，也暴露出一些问题，使得警务实践部门开始思考一个问题，即如何将从各种渠道收集到的大量情报信息进行科学的分析，从而获得准确的结论用以进行决策。

20 世纪 80 年代中期，在欧美一些国家的警察机关开始组织一些学者和专家对犯罪情报分析技术进行研究和探索，经过几年的努力，在 90 年代初期，基本形成了犯罪情报分析的理论和体系。目前，犯罪情报分析已经成为欧美许多国家警察培训课程体系中的有机组成，许多警察学院及部分社会综合大学的警政学院也开设了犯罪情报分析课程，英国的曼彻斯特大学还设立了犯罪情报分析的硕士点。随着犯罪情报分析理论的成熟，其在警务工作中也得到了广泛的应用，犯罪情报分析部门日益成为犯罪情报机构中非常核心的部门，犯罪情报分析在打击、防范、控制犯罪工作中绩效明显，由此也带动了犯罪情报工作体制和机制的变革。

第一节

犯罪情报分析的概念

一、 犯罪信息与犯罪情报

谈到犯罪情报分析必然要涉及信息与情报、犯罪信息与犯罪情报这几个基本概念，由于侦查理论界对这些概念有一些不同的认识或是一些争议，在犯罪信息与犯罪情报这两个不同概念使用上的不准确，会导致将犯罪信息与犯罪情报混为一谈。因此，在本章中有必要先对这些基本的概念进行一下界定。

（一）信息与犯罪信息

信息在英文中被称为 Information，这是目前较为公认的说法。近代控制论的创始人维纳有一句名言："信息就是信息，不是物质，也不是能量。"尽管这句话好像没说出什么结论性的含义，但它指明了信息与物质和能量具有不同的属性，同时也明确了信息、物质和能量，是人类社会赖以生存和发展的三大要素。

信息有广义和狭义两个层次。从广义上讲，信息是任何一个事物的运动状态以及运动状态形式的变化。它是一种客观存在，如日出、月落，花谢、鸟啼以及气温的高低变化、股市的涨跌等；它是一种"纯客观"的概念，与人们主观上是否感觉到它的存在没有关系。而狭义的"信息"却与此不同，它是专指信息接受主体能感觉到并被理解的客观存在。中国古代有"周幽王烽火戏诸侯①”和“梁红玉击鼓战金山②”的典故，典故中的“烽火”和“鼓声”都代表了能为特定接收者所能理解的军情，因而可称为“信息”；相反，至今仍未能破译的一些刻在石崖上的文字和符号，尽管它们是客观的存在，但由于接受者不能理解，因而从狭义上讲仍算不上是“信息”。

因此，信息一般具有以下特征：

1. 接受对象对信息的解读性特征

信息与接受对象以及要达到的目的有关，如果接受对象无法解读、无法接受，信息就失去了其应有的价值，也就不能称为信息。例如，公元前巴比伦和阿亚利亚等地广泛使用的楔形文字，很长时间里人们都读不懂它，那时候，还不能说它是“信息”；后来，经过许多语言学家的努力，它被人们理解了，于是，它也就成了“信息”。

2. 接受对象对信息的选择性特征

信息的价值要受到信息的接受对象对其选择的制约，换个角度讲，信息能否成为信息是由接受对象的选择决定的，如果接受对象觉得信息对其没有价值，该信息就不能成为该接受对象的信息。例如，有关手机辐射对人体影响问题的讨论，对城市居民特别是手机使用者来说是重要信息，而对于生活在偏远农村或从不使用手机的人来说，就可能觉得没有多大价值，就不是信息。

---

① 此典故的内容大致为：周幽王为博褒姒娘娘一笑，不惜悬赏重金征求“点子”。这时有个叫虢石父的马屁鬼，就替周幽王想了一个主意：“现在天下太平，烽火台长久没有使用了。我想请大王跟娘娘上骊山去玩几天。到了晚上，咱们把烽火点起来，让附近的诸侯见了赶来，上个大当。娘娘见了这许多兵马扑了个空，保管会笑起来。”结果，褒姒真的笑了一下，幽王见褒姒开了笑脸，就赏给虢石父一千两金子。

② 此典故的内容大致为：宋高宗建炎年间，金兀术率十万大军进犯镇江，梁红玉向其夫浙西制置使韩世忠提出埋伏之计，韩世忠亲率战船，诱敌深入，梁红玉则亲自在金山之巅的妙高台擂鼓指挥。一通鼓响，韩世忠立即指挥水军，迎战金军。二通鼓响，韩世忠佯装失利，且战且退，转眼间战船便隐进了芦荡，金兀术紧紧追赶，追进了芦荡。梁红玉在山顶上看得一清二楚，随即挥舞令旗，擂响三通鼓。随着震天动地的鼓声，芦荡里埋伏的战船对金兵的船进行袭击，使金兀术的十万人马溃不成军。

3. 载体形式和传递手段的多样性

信息在传递过程中的形式和手段多样，而且这种载体形式和传递手段是随着社会的发展、新技术的应用而不断变化的。例如，人与人之间的信息传递可以用符号、语言、文字或图像等为载体形式，利用各种手段进行传递，而生物体内部的信息可以通过电化学变化，经过神经系统来传递。在通信技术落后的古代，信息是以纸张上书写的文字、符号的形式，用人力交换的手段进行传递，但随着通信技术的发展，信息的传递可以用数字化形式在网络中进行传递。

4. 使用的无损耗性

信息在传递过程中不会出现损耗，而且信息可以无数次地被复制，这个特性为信息资源的共享创造了条件。

犯罪信息是信息中的一类，具有信息所应具备的基本属性，同时犯罪信息与其他信息相比，有其自身的特殊性，这种特殊主要是由于前面的限定语“犯罪”造成的，只有在打击、防范、控制犯罪这一目的下由警察机关收集的各种形式的数据材料才能成为犯罪信息。可见，犯罪信息从广义上讲就是与犯罪这一特定的社会现象相关联的各种材料的总和。从狭义的角度理解，犯罪信息则是根据打击、防范、控制犯罪的需要，由警察部门收集的各种资料数据的总和。

（二）情报与犯罪情报

情报在英文中被称为 Intelligence，这个英文单词还有一种解释就是智力、理解力、聪明，可见情报包含着理解的意思。在我国较早期的一些情报学著作和论文中，常常将情报翻译为 Information，这是把情报与信息的概念相混淆的具体表现。

在 20 世纪 70 年代前，情报专指军事情报。例如，《辞海》的不同版本对情报的定义主要指的是军事情报。1915 年版的《辞海》中对情报的定义是：军中集种种之报告，并预见之机兆，因而推定敌情如何，而报于上官者。1939 年版的《辞海》对情报的定义是：战时关于敌情之报告，曰情报。1965 年版的《辞海》中对情报的定义是：对敌情和其他有关对敌斗争情况进行分析研究的成果，是军事行动的重要依据。可见，早期的情报应用领域非常狭窄，仅仅局限于军事领域，主要工作也只是对敌情资料的收集和分析工作。

随着情报活动领域的拓宽，情报活动开始向政治、经济等领域渗透，其定义也开始发生相应的变化。例如，1979 年版的《辞海》中对情报的定义就发生了很大的变化，其定义的内容为：情报是指利用侦察手段或其他方法获得的有关敌人军事、政治、经济等方面的情况以及对这些情况进行分析研究的成果，是军事行动的重要依据之一；也泛指一切最新的情况报道。在此定义中，情报的应用领域不仅有了很大的扩展，情报的实质也变为了分析研究的成果，即是将相关资料进行分析后得到的结论性成果。

各国的学者对情报的认识还有一些不同的观点，主要集中在两个方面。一种观点是将情报看作特定的知识，如英国情报学家 B. C. 布鲁克斯认为，情报是使人原有的知识结构发生变化的那一小部分知识。在日本 1963 年版的《情报管理便览》专著中，情报被定义为：情报是在特定时间、特定状态下，对特定的人提供的有用的知识。在日本 1975 年版的《情报管理》一书中，情报则被认为是判断、意志、决策、行动所需要的能指引方向的知识和智慧。另一种观点认为，情报是一种特殊的信息或数据。例如，日本长谷寿严所著《情报检索入门》专著中对情报的定义是：情报就是信息。存在一个发生源和吸收源，当发生源发出的信息被吸收源所理解时就成为情报。而美国佐治亚工学院的斯拉麦教授认为：情报就是有用的数据或被认为有用的数据。

两类观点尽管有认识角度上的不同，但“情报与信息是不同的”这一观点是趋同的，情报是信息的种概念，情报可以理解为是在信息的基础上，对其进行汇总、评估、综合和解释的结果，是在信息的基础上进行一定的加工后形成的对实践有指导作用的知识。

因此，可以将犯罪情报理解为：是指公安机关在对以公开管理、秘密侦查手段及其他方法获得的犯罪信息进行分析研究后得出的结论性成果，在打击、防范、控制犯罪领域里，对行动、部署和决策有指导作用的特定知识。

二、 犯罪情报分析的概念

犯罪情报分析是一个专有名词，是从英文中直译过来的，因此，容易造成一种误解：犯罪情报分析工作是对犯罪情报的分析和研究。其实，从犯罪情报的定义中，已经不难看出，犯罪情报是分析研判的成果，是在一定的目的下，通过对犯罪信息的收集、评估、综合后，经过分析得出的一种结论或推论，所以，犯罪情报分析并不是对犯罪情报的分析，而是对相关犯罪信息的分析，是通过对犯罪信息分析后得到的犯罪情报。对这一舶来词汇，可以从这一角度进行理解，即如何通过分析得到犯罪情报。

犯罪情报分析是一种科学的过程和方法，需要通过观察、数据收集、数据评估、得出初步假设、验证假设、得出结论等一系列的环节，因此，犯罪情报分析是指犯罪情报分析人员对犯罪信息进行的汇总、评估、综合和解释，从而得出用于指导公安实践的分析结果的一系列工作内容。

但分析结论并不是非常精确的科学结论，不像“1+1=2”这么简单，往往看似非常科学的分析结论会有很大的错误，这是由于犯罪具有社会属性，是一种复杂的社会现象，对犯罪的认识和理论不仅取决于侦查人员的智力水平、认识方法的科学性等因素，还要受到犯罪行为人的主、客观因素的影响。

第二节

犯罪情报分析的特点

犯罪情报分析有下述几个主要的特点，只有把握了犯罪情报分析的特点，才能更好地组织和开展犯罪情报分析工作。

一、 犯罪情报分析的时效性

侦查工作是一项对抗性很强的工作，是打击、控制、防范刑事犯罪的有力武器，侦查与犯罪是一对尖锐的矛盾，有公安机关的侦查就有犯罪行为人的反侦查，而且犯罪行为人的犯罪与反侦查活动会随着社会的发展、科学技术的进步不断发生改变，以至于侦查工作常常处于一种动态过程中，也正是侦查工作的动态性，决定了犯罪情报工作具有很强的时效性，犯罪情报分析作为犯罪情报工作的一个重要环节，应当及时将大量的犯罪信息经过分析加工，变为对打击、控制、防范刑事犯罪有重大价值的犯罪情报，为侦查决策和实战服务。

二、 犯罪情报分析的专业性

在当前信息引导侦查的趋势下，侦查实战部门对犯罪情报的依赖程度不断增加，犯罪情报分析工作的质量直接影响到打击、控制、防范刑事犯罪的水平。犯罪情报分析工作也逐渐从其他工作中独立出来，形成了专门的组织机构和规范的工作流程，犯罪情报分析工作正在成为一项专业性很强的侦查业务工作。这就要求分析人员必须掌握较为丰富的情报分析专业知识，熟悉犯罪情报工作的方法和技巧，如果没有较高的专业技能、不经过专业的训练，就不可能达到高质量的犯罪情报分析工作水平。

三、 犯罪情报分析的标准性

统一而规范的工作标准是高质高效的保障，也是专业化的重要标志。犯罪情报的来源广、数量多，全国犯罪情报分析部门必须使用同一工作标准，各级公安机关侦查部门都应非常重视犯罪情报分析工作的标准性特点，只有在分析方法、分析内容、分析结果、分析程序等方面达到规范统一的标准，才能使犯罪情报分析结果的可利用性增加，价值提高。由于我国在犯罪情报分析的理论和实践方面还处于起步阶段，因此可以结合我国的实际情况，借鉴西方国家在犯罪情报分析方面的研究成果，尽快建立有中国特色的犯罪情报分析的标准体系，这样才能有力推进犯罪情报分析工作的发展。

四、 犯罪情报分析的目标性

侦查工作是一项长期性的工作，只要犯罪没有消亡，侦查工作就不会停止。因此，犯罪情报分析工作必须针对打击、控制、防范犯罪的目标进行。在犯罪情报分析中有两类主要目标：一类是对侦查破案有现实价值的战术性情报分析目标，另一类是对较长时期的侦查工作有宏观指导和辅助决策有重要价值的战略性情报分析目标。由此可见，犯罪情报分析不仅要对个案侦查中侦查方法和措施、侦查目标的锁定提出分析结论，为实践部门的侦查人员服务，而且还要对未来刑事犯罪的发展趋势和活动特点进行分析研究，为侦查决策部门提出有预见性的结论。

五、 犯罪情报分析的对抗性

侦查工作的对象是一些具有思维能力的犯罪人，随着科学技术的发展、社会的进步，犯罪人的反侦查意识也在逐渐提高，他们总是千方百计与侦查人员进行周旋，在犯罪过程中不断制造假象，试图将侦查工作引入歧途。因此，犯罪情报分析要充分认识到对抗性特点，在犯罪情报分析工作中去伪存真，善于从大量的数据中寻找发现矛盾与反常，为侦查实战部门和决策部门提供真实可靠的犯罪情报分析结论。

六、 犯罪情报分析的相对性

犯罪情报分析结论及其在侦查工作中的运用是犯罪情报分析的价值体现，侦查人员总是希望犯罪情报分析部门给出的结论有明确的指向性，不能在是与非之间。但是犯罪情报分析工作是一项非常复杂的工作，要受到各种条件的制约，因此，有时分析的结论并不具有明确指向，而是给侦查部门提供一种数据集成后的状态性情报，如在电话信息分析中，高频率长时间通话的并不一定是关系紧密的犯罪嫌疑人，而是犯罪对象布设的假象，如果情报分析部门的指向过于明确就会误导侦查方向。所以，犯罪情报分析的结论一般具有相对性的特点。

第三节 犯罪情报分析的要求

犯罪情报分析是一项严格而规范的工作，其专业性很强，因此对犯罪情报分析的要求主要包括主体方面的要求、工作流程方面的要求、工作方法方面的要求。

一、 犯罪情报分析主体方面的要求

犯罪情报分析主体方面的要求体现在两个方面：一是对犯罪情报分析人员素质的要求；二是对犯罪情报分析工作的组织机构方面的要求。

(一) 犯罪情报分析人员的素质要求

1. 犯罪情报分析人员应具备基本的科学素养

由于犯罪情报分析工作是对大量数据的分析研究，需要在工作中运用科学的研究方法进行工作，因此，犯罪情报分析人员要有基本的科学素养，要具备运用科学方法研究问题、解决问题的能力。

2. 犯罪情报分析人员应具备基本的侦查专业素质

犯罪情报分析工作是为侦查工作服务的，其分析的目标都是围绕着打

击、控制、防范刑事犯罪而进行，因此，如果犯罪情报分析人员不了解刑事侦查的基本理论、基本措施手段和方法，在犯罪情报分析工作中会过于机械，而且其分析结果也会容易偏离侦查工作的需求。可见，了解、掌握一定的侦查知识也是犯罪情报分析人员应具备的基本专业素质。

3. 犯罪情报分析人员应具备基本的情报分析技能

犯罪情报分析工作的核心是通过科学的分析得出对侦查工作有价值的结论，熟练掌握犯罪情报分析工作的基本方法和技巧是犯罪情报分析人员应具备的核心知识和技能，因此，对犯罪情报分析人员的情报分析专业培训是其从事该工作的必经之路。

（二）犯罪情报分析工作的组织机构方面的要求

1. 组织机构设置上的独立性

犯罪情报分析工作必须有相对独立的机构和专职工作人员进行，这也是犯罪情报分析工作发展的要求。尽管在本书中所涉及的犯罪情报分析内容中也有一些是由负责案件侦破的侦查人员进行的，但侦查人员在侦查过程中所进行的情报分析与犯罪情报分析机构进行的犯罪情报分析是完全不同的。犯罪情报分析机构的分析工作更为专业、覆盖面广，其服务对象包括侦查工作所涉及的所有部门，而侦查人员只是针对个案中的某些特殊信息进行的针对侦破个案的分析工作。而且从情报工作比较发达的国家来看，其情报分析部门已经成为犯罪情报机构中数量最为庞大、地位最为重要的部门，如美国的国务院情报研究司就是专职为美国政府外交决策提供情报和情报分析意见的部门，其日常的工作主要是对国务院驻外机构发回的外交电讯及情报进行加工、研究和分发有关美国对外政策的情报，并向使领馆提供所需要的来自情报界的报告。而美国的中央情报局的情报部有近 4000 名专门对搜集到的公开和秘密情报进行分析研究的工作人员，下设国家对外情报评价中心、情报要求处、中央资料室、图像分析处、政治分析处、动向研究处、人物分析处、意向分析处等。我国由于犯罪情报分析工作还处于发展的初级阶段，只有在一些省市的公安机关中设置了专职的犯罪情报分析人员，数量少，组织机构没有独立，但随着我国犯罪情报工作的发展，相信在不久的将来犯罪情报分析部门将成为犯罪情报信息部门中一个最为重要的组织机构。

2. 组织机构功能上的关联性

犯罪情报分析在组织机构功能上的关联性主要体现在两个方面：一是情报分析机构为侦查业务部门提供有力的工作支持。由于犯罪情报分析部门是服务于侦查工作的一个组织机构，它既要对刑事侦查部门、禁毒部门、经济犯罪侦查部门等提供案件侦查中的支持，也要负责领导交办的一些专题分析和研究，为领导的决策提供支持，因此，它是个既对上也对下的部门，凡是侦查业务部门的侦查人员和领导都会与之发生联系。二是情报分析机构要依赖公安各业务部门的协助。犯罪情报分析需要在占有大量相关信息的基础上进行，因此，犯罪情报分析工作必须依赖于能提供各类信息的公安业务部门的大力支持，只有在迅速、准确地获取相关信息的基础上才能搞好犯罪情报分析工作。

二、 犯罪情报分析工作流程方面的要求

犯罪情报分析工作的流程必须符合一般科学分析的流程，流程的设置并不机械，在一些特殊情况下可能进行改变。同时，也应当明确，一般工作流程的设置是在长期实践工作中经过检验的结果，具有较高的科学性和普遍性指导意义，在其设计上应符合以下几个方面的要求。

（一）犯罪情报分析工作流程设置的科学性

犯罪情报分析流程的设置是实现犯罪情报分析工作高效、合理的重要基础，一个工作流程是否科学、能否在实践中创造最大效益必须根据工作的性质进行科学设置。犯罪情报分析工作本质上是一种对大量信息的处理和加工，当然这种处理和加工不像工厂内零件的组装这么简单而机械，在处理和加工中要运用科学的分析方法和分析模式。犯罪情报分析主要包括 6 个关键的工作环节，即分析目标的确定、相关信息的收集、信息的评估、信息的综合（或数据集成）、分析研究、得出结论，设置工作流程时必须考虑两方面的问题：一是主要工作环节顺序的设置，合理的工作顺序是提高工作效率的保障；二是纠错与反馈运行机制的设置，这是保证工作结果质量的重要机

制，如果在犯罪情报分析工作流程中设置有效的纠错与反馈机制，就能有效地减少错误的发生，或者发生错误后通过反馈系统不断改进工作方法，使得在以后的工作中避免发生类似的错误。

（二）犯罪情报分析工作流程设置的灵活性

一般性的工作流程是犯罪情报分析工作的普遍性规律，用以指导犯罪情报分析工作有序开展。由于犯罪情报分析目标的种类繁多，不同的分析目标必然会有一些工作方法和流程方面的差异，当然这种流程的差异只是在某些具体工作环节上的不同，并不影响犯罪情报分析工作主要流程的实施。另外，犯罪情报分析工作的总体流程不可能考虑到每个工作环节中的具体工作流程，这就需要犯罪情报分析人员根据工作中分析目标的特殊性灵活设置工作流程，不能过于机械和僵化。

三、 犯罪情报分析工作方法方面的要求

犯罪情报分析工作的方法直接影响犯罪情报分析的质量与效率。

（一）占有信息全面

犯罪情报分析工作是在大量相关信息的基础上进行的，相关信息数量的大小会对分析结果产生重大影响，因此在分析前必须要占有大量的相关信息。在确定分析目标后，应通过各种途径收集信息资料，不仅要利用公安机关各业务部门所掌握的信息，还应当不断拓宽信息来源渠道，从社会公开信息及各行业所掌握的信息资料中进行收集。

（二）分析方法正确

犯罪情报分析过程中，方法的正确与否直接影响分析结果的科学性，使用正确的方法进行科学分析是犯罪情报分析工作的基本要求之一。针对不同的分析目标，犯罪情报分析人员要从实际情况出发，科学地使用不同的分析方法加以分析，如在电话信息分析中，就要综合运用数据归纳法、图表法、

演绎推理法、比较法等科学方法，而且在分析过程中还应当与其他相关信息相联系，进行结论的印证，这样才能推导出正确的分析结果。

（三）分析及时迅速

由于犯罪情报的时效性很强，当时有用的情报可能几天后就失去了其真正的价值，尤其涉及案件侦查工作的犯罪情报分析工作，更需要抓住有利战机。因此，对犯罪情报分析工作必然要提出及时迅速的要求。犯罪情报分析人员应树立起强烈的时间观念，一旦得到侦查部门提出的支援请求，应迅速介入，立即确定分析目标，收集相关信息，在保证分析质量的前提下，尽可能快地得出分析结果，以满足侦查实战部门和决策机构的需求，最大限度地发挥犯罪情报分析的作用和价值。

第四节
犯罪情报分析的种类

犯罪情报分析的种类有很多，根据不同的目的和要求可以有不同的分类角度。通过分类可以加深对犯罪情报工作本质的了解，掌握不同犯罪情报之间的联系和区别，提高犯罪情报分析工作的质量。

一、 战略性犯罪情报分析和战术性犯罪情报分析

以犯罪情报分析结果的时间效能为标准可分为战略性犯罪情报分析和战术性犯罪情报分析。战略性犯罪情报分析，是指情报分析人员针对某个较为宏观的问题和目标所进行的分析工作。其分析结论指向一种长期的行动目

标，产生效果有一个较长的过程，如通过分析确定如何对某类刑事犯罪案件进行有效的控制。而战术性犯罪情报分析，是指情报分析人员对某个较为微观的具体问题或目标所进行的分析工作。战术性犯罪情报分析的结论直接指向一种短期的行动目标，并且会产生较快的成效，如在某一个刑事案件侦查过程中的案情分析工作。

二、 国保情报分析、 治安情报分析、 刑侦情报分析、 反恐情报分析、 禁毒情报分析等

按照公安机关各项业务工作中犯罪情报分析内容侧重点的不同，可将犯罪情报分析分为国保情报分析、治安情报分析、刑侦情报分析、反恐情报分析、禁毒情报分析等。国保情报分析主要侧重于对民族宗教、社会舆情、非法结社等危害国家安全的犯罪情报的分析；治安情报分析主要侧重于治安秩序管理、治安案件查处、危险物品管理、社区警务、公安人口管理、大型公共活动安全管理、治安防控等方面的情报分析；刑侦情报分析主要侧重于对案件侦查工作中的情报分析、案情的分析以及其他针对打击刑事犯罪而进行各种战略和战术的情报分析；反恐情报分析是专门针对打击和防范恐怖犯罪活动而进行的各种情报分析；禁毒情报分析是专门针对打击和防范毒品犯罪而进行的各种情报分析。

三、 防范型犯罪情报分析、 打击型犯罪情报分析和控制型犯罪情报分析

以犯罪情报分析的工作目标为标准，可将犯罪情报分析分为防范型、打击型和控制型三大类。防范型犯罪情报分析，是指为了预防犯罪行为的发生而进行的犯罪情报分析活动，打击型犯罪情报分析的目标是为了打击犯罪行为人，如公安机关对于刑事案件高发区的地域分布的分析、对于外来高危人群的分析等，就是公安机关通过对有高度犯罪危险的外来人员在手段和户籍地之间的关联分析，帮助侦查人员缩小侦查范围，准确锁定犯罪嫌疑人。而控制型犯罪情报分析则是研究分析如何对犯罪进行有效控制的一类分析工

作，如在发生劫持人质案件后，当民警和绑匪进行对峙的过程中，利用分析得到的控制模式就能最大限度地保护人质安全，顺利制服犯罪行为人。

第五节 犯罪情报分析的信息来源

犯罪情报分析的信息资料来源是非常基础但又非常重要的一个问题，由于我国犯罪情报信息工作发展的局限，许多公安机关掌握的犯罪信息存在存储分散、标准不统一、种类较少等问题，而且公安机关内部各业务部门所掌握的信息资料以及各地公安机关掌握的信息资料存在相互壁垒的问题，导致信息的共享性差。在这种情况下，犯罪情报分析人员往往对分析工作中所依据的资料来源认识上比较单一和僵化，在收集、利用方面也只关注公安机关所掌握的相关信息，而很少去利用一些其他组织机构所掌握的信息资料，如企业、事业单位中外来人员的信息；邮政信息；劳务市场登记信息；互联网上的信息等，从某种程度上影响了犯罪情报分析的工作质量，也是目前急需解决的问题。这是笔者之所以要将此内容列入本章的重要原因，希望通过本节中对犯罪情报分析工作中信息资料来源的梳理，可以使犯罪情报分析工作的思路更为宽广，拓宽信息来源途径，使分析工作中的信息来源更为丰富。

总体来看，犯罪情报分析的信息来源可分为两大类：一类为公安机关掌握的犯罪信息；另一类为社会其他部门及媒体所拥有的相关信息。

一、 公安机关掌握的犯罪信息

（一）一般性登记类信息

公安机关在行使管理职能过程中，需要对管理目标进行登记，积累了大量常态信息，这些信息往往能反映登记对象的基本信息和基本特征，但其弱点是动态性差、静态性特点明显，本质上是对某管理目标的一种静态记录。例如，公安机关构建的全国性八大数据库中的全国人口基本信息数据库、全国出入境人员数据库、全国机动车/驾驶人员信息数据库、全国安全重点单位信息数据库。而各地公安机关根据各自管理的需要也建立了一系列此类型的数据库，如暂住人口信息、旅馆住宿登记信息、进出主要公路干线收费站的车辆信息、看守所在押人员信息等。这些数据库中的信息无法及时、准确地反映登记对象的动态变化轨迹，或是跟踪对象的发展、变化情况。

（二）与犯罪有关的登记类信息

公安机关在打击、控制、防范犯罪活动工作中，有目的地将与犯罪活动有关的信息进行登记保存，以备在以后的工作中进行运用。例如，公安机关构建的全国性八大数据库中的全国在逃人员信息数据库、全国违法犯罪人员信息数据库、全国被盗抢汽车信息数据库，各地公安机关构建的案件资料数据库（包括已破案件与未破案件）、无名尸体数据库、失踪人口数据库、犯罪现场勘查信息数据库等。这类数据库中所存储的信息也基本属于静态信息，不具备动态信息特征。

（三）案件侦查过程中的线索类信息

侦查部门在侦查过程中利用公开和秘密手段，会收集到大量的线索型信息，这些信息能反映案件中涉及的人、事、物的动态发展变化，具有动态信息的典型特征，属于动态信息。例如，犯罪嫌疑对象每天的行为内容和行为轨迹、发案前后的经济状况变化等，都是对某特定对象行为、状态的动态信息反映。目前，公安机关比较关注对静态类信息的收集和存储，但对案件侦查过程中的线索信息很少进行系统整理、建立数据库，其实这是对犯罪信息的极大浪费，因为在专案侦查中，大量警力的投入和大规模的调查工作会获取到大量的线索型信息，其中真正与案件有关的只占很小的比例，大量与该专案无关的信息只能存在侦查人员的大脑中和侦查员的笔记本里，随着时间的推移，这些信息被渐渐遗忘，而这些被遗忘的信息中有大量的信息尽管与该案无关，但可能会在以后的案件侦查工作或其他公安业务工作中起到重要作用，也为犯罪情报分析工作积累了大量的原始数据。因此，笔者建议侦查部门应加强对专案信息系统的建设，同时也应建立起侦查人员的信息汇报制度，侦查人员必须将侦查中获取的信息以情报信息表格的形式进行汇报，由专职人员进行录入和评估。

二、 社会其他部门及媒体所拥有的相关信息

在犯罪情报分析的信息来源中最容易被忽略的就是社会其他部门及媒体所拥有的相关信息，公安机关掌握的信息由于受到公安机关自身行业特点和人力、物力、财力的限制，其信息量是有限的，不可能完全满足犯罪情报分析的需要。因此，如何利用其他信息资源为犯罪情报分析工作服务也是当前公安机关非常关注的热点问题。社会其他部门及媒体所拥有的相关信息的分类角度众多，如从社会组织的特点角度进行划分可分为研究机构掌握的信息、金融机构掌握的信息、交通运输部门掌握的信息、劳务市场掌握的信息、商品零售组织掌握的信息等。从社会信息对犯罪情报分析的价值角度划分，可分为人员身份类信息、人员地址类信息、资金流动类信息、商品交易类信息、通信情况类信息、活动轨迹类信息等。从社会信息能否反映客体的动态发展变化状况角度可分为静态型社会信息和动态型社会信息。如果以上述前两个分类角度对社会信息进行分类，有一个不可避免的缺陷就是无法穷尽所有类别的社会信息，因为在当今信息化的浪潮中，越来越多的社会组织开始关注信息化建设，以便提高效率，因此，大量的以各种不同目标收集到的信息越来越多，能被犯罪情报分析所利用的社会信息也会呈迅速上升的态势，要穷尽所有能提供有价值的社会信息几乎是不可能的，也是不现实的，因为它们也在不断变化之中。因此，从实战的需要应从最后一个分类角度进行，即分为静态型社会信息和动态型社会信息。

（一）静态型社会信息

在社会信息中有大量信息是属于静态型信息，即反映的是客观的身份、

地址、单位和联系方面的信息，如银行的开户信息、邮政系统的邮政汇兑和投寄、送递登记信息、劳务市场的登记信息、特殊商品（手机、金银首饰、机动车等）的交易和加工信息、交通运输过程的人员登记信息（机场的购票和登记记录）、工商及税务部门的登记信息、企业及事业单位雇佣的外来临时工的登记信息、商品销售中的保修登记、各种休闲娱乐场所的会员登记信息、医院就医患者的登记信息、114 等声讯服务台的查询通话录音、网络运营商对 IP 地址的登记信息等。

（二）动态型社会信息

除了静态型的社会信息外，还有一部分是属于动态型的社会信息，能反映某客体的运动过程，跟踪其变化轨迹。例如，个人或组织银行账户中资金的进出信息、电话通话记录、气象台每天的天气信息、社区监控录像信息、金融等重要场所的监控录像信息等都是能反映对象某一方面动态状况的一些信息。

社会中的信息无处不在，每个行业、每个组织都根据各自工作的需要建立了一定数据的数据库，犯罪情报分析部门需要拓宽思路，把能利用的社会信息资源作为犯罪情报分析的重要信息来源加以利用，一些大中型城市公安机关已经有了许多的成功经验，这也是犯罪情报分析工作发展的一个趋势。

第三章

犯罪情报分析的方法与技术

第一节

犯罪情报分析的基本方法

一、 统计法

统计法，是指犯罪情报分析人员通过对研究目标进行数据搜集、整理和分析，形成一系列的统计数字资料的方法。

在犯罪情报分析工作中会涉及大量的数字，这些数字大多与犯罪行为人、犯罪行为或犯罪行为侵害客体有关，通过对相关数据的统计去揭示客体之间的规律是犯罪情报分析工作的目的之一。统计的客体即研究对象是客观现象的数量方面，包括数量的多少、客观现象之间的数量关系、质量互变的数量界限、客观现象量变的趋势及其规律等，并不是客观现象的全部。

(一) 统计法研究对象的特点

1. 研究对象的数量性

统计法是用数字方法进行研究的，数字是统计的语言，所有结论都是以数字的形式呈现出来的。

2. 研究对象的总体性

统计的客体是现象的总体数量特征与规律性，而不是研究个体的量。所谓的总体是指具有某种相同性质的一定范围内的全体事物。统计是对现象总体数量特征和分布规律的认识，是从对个体量的认识过渡到对总体数量表现的认识。

3. 研究对象的具体性

统计法的研究对象是在一定时间、地点、条件下具体事物的量，不是抽象的量，这也是统计学和数学之间质的差别。由于统计法是从量的方面研究事物的总体现象，因此，在许多方面要使用数学方法进行统计和分析。

（二）统计法的分析步骤

1. 统计设计

统计设计是统计工作的首要环节，是指根据统计客体的特点和研究目标，对统计工作各个方面和各个环节的全盘考虑和安排。例如，确定对象范围、设计统计指标和指标体系、确定数据整理和分析的方法及步骤等。

2. 统计数据的收集

在统计设计完成后，犯罪情报分析人员要按照事先确定的数据收集计划去收集获取统计客体数量方面的原始资料，是指公安机关犯罪信息数据库中的相关原始数据，是属于需要从个体过渡到总体的统计资料。这些资料是统计工作的认识起点，如果原始数据不及时、不准确、不系统，就会影响统计资料整理和分析的质量，甚至还会导致得出错误的犯罪情报分析结论。

3. 统计数据的整理

统计数据的整理是将收集到的原始数据资料加以科学的分组、归纳、综合，使原始统计资料条理化、系统化，获得比较简单的犯罪情报，即再生信息。它是从对现象的描述过渡到对现象规律性的认识，进而作出判断、评价的起点。

4. 统计资料的分析

统计资料的分析是利用加工、汇总的统计资料进行多方面的分析研究，发现问题，提示矛盾，寻找被研究对象的特征和规律，得出结论的过程。这一阶段是统计认识进程中的核心环节，不仅要对历史和现状作出分析，还应当预测未来，最后提出决策方案，为公安机关领导的决策作参考。

二、 图表法

图表法是犯罪情报分析人员利用相关的犯罪情报信息制作各种图表进行分析研究的方法。图表法是一类信息集成技术，可以将大量的原始信息按照分析目标和要求有选择地集成到一张或几张图表之中，使情报分析人员更易理解和掌握与分析目标有关的信息。

图表法被广泛地运用在犯罪情报分析之中，其制作方法和制作标准日趋完善、规范，在欧美一些犯罪情报工作发达的国家和地区，犯罪情报分析中使用的图表在标准上基本一致。犯罪情报分析中所使用的图表众多，从最基本的关系图、流向图、事件图、行为模式图，到电话分析中使用的电话联系图、案情分析中使用的案情分析图等，构成了图表法的体系。

犯罪情报分析中的图表与其他工作中使用的图表有相同的规律，但也有其自身的特殊性，它是根据犯罪情报分析工作的特点与需要而形成的一整套规范的标准和表现形式。

图表法是犯罪情报分析的基本方法之一，利用图表对犯罪信息进行综合和归纳，其实就是一种信息的集成技术。图表分析的应用非常广泛，不仅可以用于战略情报分析，也可用于对一些战术性的情报分析。情报分析中最基本的问题是将所有的信息按一定的顺序和标准放在一起，这样就能使从大量杂乱的信息中提取精髓这项复杂的工作变得容易起来。

三、 逻辑推理法

在犯罪情报分析中，除了用统计法和图表法外，还要用到逻辑推理的方法，主要包括归纳法和演绎法。

归纳法，是从个别事实中概括出一般原理的一种思维方法。归纳是把个别事物的特征上升到一类事物的特征，是从特殊到一般的过程，是依据一些特殊事例来建立一般原理的逻辑方法。归纳既是一种发现的方法，也是一种推理的方法，有的还可以用作证明，是创造性思维的一个基本要素。设 $M = \{D1, D2, D3, \cdots\}$ 为一类事物，对象 D 具有属性 P 记为 $D \to P$，则归纳的基本模式可用公式表示如下：

$D1 \to P$

$D2 \to P$

$D3 \to P$

…………

$M \to P$

因此，在犯罪情报分析中归纳法是指犯罪情报人员通过观察许多不同的事实或事件以便解决所提出的某个问题的方法。根据这些观察，犯罪情报分析作出结论，并对具体的问题制订可能的解答方案。所以，运用归纳法是从特殊到一般的逻辑推理。

演绎法，是指犯罪情报人员采用逻辑的和一般的信息对面临的问题制订可能的解答方案（进行假设），然后在一些典型的情境中检查解答的正确性（进行假设的验证）的方法。因此，采用演绎法时，犯罪情报人员是从一般到特殊的逻辑推理。从思维方法的层次来看，演绎法属于哲学思维方法的层次。

表3－1－1　归纳法与演绎法的比较①

研究方式	不同点	相似点
归纳法 从一系列经验性的观察 到一般假设的形成 到要求将假设综合起来的统一理论	从对许多特殊事物的观察向一般陈述前进 利用经验性检验提出假设	两者都包括提出有待检查（假设）的试验性陈述
演绎法 从根据一般资料而得到的统一理论 到对理论中每一假设的考虑 到经验性观察证实或否定每一假设	从一般陈述的制定到作为一般陈述的逻辑派生物的特殊假设 利用经验性的检查证实假设	两者都希望帮助解释、预测和控制现象 两者都要求系统的、逻辑的调查研究

① http：//ced. xxjy. cn/Resource/GZ/GZWL/WLBL/JYXLX/WL100032ZW_ 0015. htm.

第二节

基本分析图表的制作

本节主要介绍4类基本分析图表的制作，即关系图、流向图、事件图、行为模式图。

一、关系图

(一) 关系图简介

关系图（Link Carting）是指在犯罪情报分析过程中，用于说明涉案人员、法人组织和地点等涉案实体之间关系的一种图形分析工具。关系图用形象图形的方式将案件中实体的各种关系展示出来，通过阐明这些复杂的关系来帮助侦查人员对案件进行深入的研究。

（1）关系图的作用

在刑事侦查工作中，侦查人员几乎每天都要做的一项工作就是去不断收集与案件相关的一些信息，其中大量的涉及自然人、法人组织、物品等实体之间的关系，尤其是在有组织犯罪案件、贩毒案件、经济犯罪案件中。这些信息一般都被记在侦查员的笔记本或大脑里，当开案情分析会时，每个侦查员会把这些信息用语言的方式表达出来，当大量的关系信息混杂在其他信息中，堆放到一起时，难免会给案件的分析研究造成一定的混乱和麻烦。即使是在一些犯罪情报工作非常规范的国家，尽管侦查人员会将这些未经加工的侦查信息整理进复杂而详细的书面信息报告中，也会有非常大量的信息需要进行分析，而在这些信息中并不是所有信息都与犯罪嫌疑人的组织或犯罪行为有关，因此，必须要用图表的形式对这些信息中的关系信息进行梳理，在此基础上再对关系进行分析才会变得简单、易于理解。

（2）关系图的构成

关系图主要由一系列与犯罪有关的实体和实体间的关系线组成，用以表示实体之间的关系。实体是指在分析目标中涉及的人、法人组织等，具体包括涉案的犯罪嫌疑人、涉案的法人组织、涉案的地点等，这些也是关系图分析的主要目标。图3－2－1就是一张关系图，图中集成了实体的名称、数量、关系等信息。

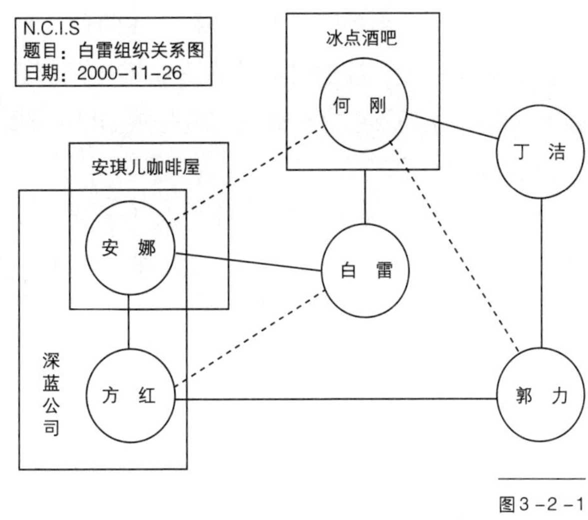

图3－2－1

①关系图标题和制图时间

每个关系图都应包括图的标题和制图时间，标题是关系图分析目标的概括，如“某某犯罪组织成员关系图”，在关系图的标题中要包括犯罪案件的名称、实体的种类（涉案成员、涉案法人组织、涉案地点）。

②实体符号

实体符号是用以表明实体种类的图形标记，由文本框和文本框中的文字说明（用以标明实体的名称）构成。在关系图中，涉案的自然人一般用圆形文本框表示，涉案法人组织和地点一般用矩形文本框表示，在文本框中用文字标明实体的具体名称，如涉案人员的姓名、涉案地点的具体地址及涉案法人组织的名称。实体符号也可以有些变化，那些用于代表涉案自然人的圆形文本框和涉案法人组织的矩形文本框都可以用不同的颜色来表示不同的角色和地域等。当然，在一张图中最好不要用多种颜色来表示一个实体，这样会使关系图看起来太乱。相关实体的照片也可以用在关系图中，用以替代实体符号（圆形文本框和矩形文本框）。

③关系线

关系图中的实体间的连线即为关系线，是一类无方向标志的直线，根据其表示的实体间关系程度分为实线和虚线两种。实线表示涉案实体间的关系密切，或根据各种线索和证据可以确认涉案实体间存在实质性的关系。虚线表示涉案实体间的关系还不能完全确定，或是根据已有的线索和证据还不足以判断。

④文字注释

如果在图中加上文字注释，对于看图人来说会对理解图的意思有所帮助，在图 3－2－2 中，有一些信息被添加到实体间的连线上，通过注释，看图者可以非常清楚地了解该图所表达的含义，即 A 每周给 C 200 元，B 每周给 C 600 元，C 每周去银行存入 800 元。文字注释应当尽量简洁，以免使图看上去显得散乱，而且并不是图中的每条连线都需要注解。尽管随着侦查的深入，图表在不断更新，但注释应当保留下来，当然注释也可以进行修改或删除。

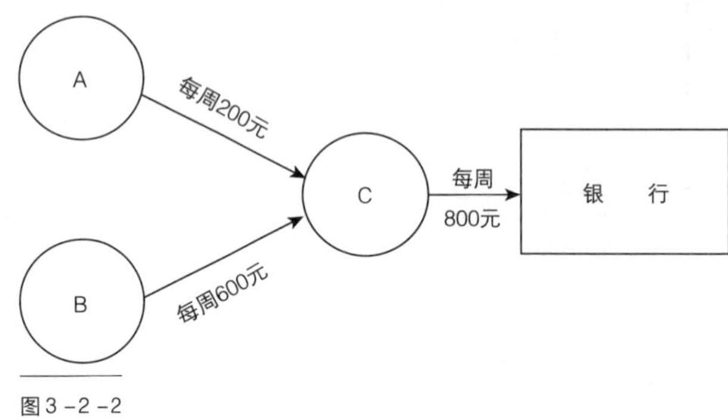

图 3－2－2

⑤图例说明

在一些关系图中，如果用到一些特殊的图例，则应在图中有图例说明。例如，用几种颜色的关系线来表示涉案实体之间不同类型的关系（如亲属关系、同学关系）时，要在图中对各种颜色的关系线所表示的具体关系进行图例说明。又如，在图中使用实体的属性符号时，也应当进行图例说明。在图 3－2－3 中，由于用双线表示涉案人员之间有经济往来关系，用虚线表示涉案人员之间有频繁的会面，用波浪线表示涉案人员之间是家庭亲属关系，在图中就使用了图例说明。

（3）关系图中的一些特殊表示方法

①关系线的变化

在一些关系图中，为了表示涉案实体之间的关系，可以用 3 种途径在图中进行标示：一是在线上加入文字注释；二是用不同颜色的关系线加以标

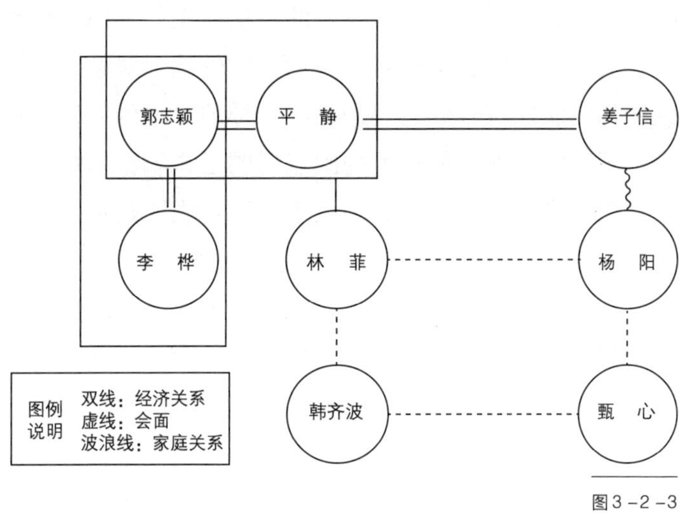

图3－2－3

示；三是使用不同的线型。在线上加文字注释是最直观、最简洁的方法，但当图中关系线数量众多，而且所表示的关系类型为固定的几类时，用文字注释就显得有些过于烦琐。因此，用不同颜色的关系线再辅以图例说明就可以清楚、简单地将各种关系表示出来。在关系图中使用有色的连线能非常清楚地表示实体之间的各种各样不同种类的关系，能使关系图的意思表达得更为明确而不需要添加任何数据。图3－2－3就是利用不同线型的关系线来表示涉案人员之间的不同关系的一个范例。当颜色不能说明问题时还可以使用不同的线型（如点线、虚线、粗线等）来表示不同的关系，并加上图例说明，以使看图者能通过图例说明理解何种线型表示何种关系。

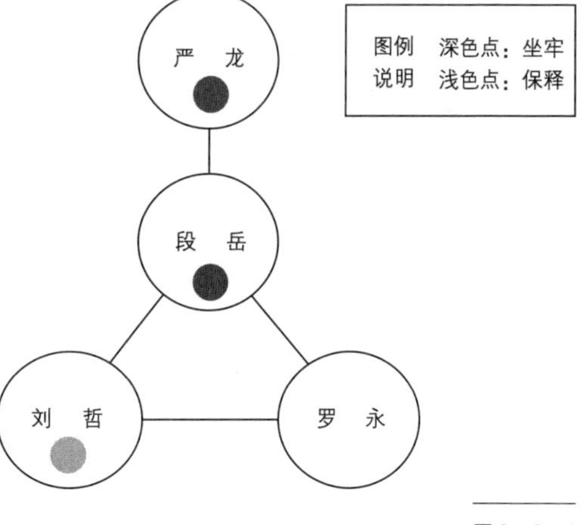

图3－2－4

②属性符号的运用

尽管在关系图中加一些说明性的文字对于理解图的意思有益，但也会使图的主题不明确和散乱。在这种情况下分析人员可以用属性符号的方法。例如，用一个小的标志放在实体符号框内的底部，用这个符号来表示实体的某个属性，再用图例说明对该属性加以注释。属性符号的运用是灵活多样的，也可以使用不同颜色的属性符号来表示不同的属性，如红色的圆点说明是诈骗犯罪嫌疑人，绿色的圆点说明是毒品犯罪嫌疑人，蓝色的圆点表示盗窃犯罪嫌疑人。甚至在一个实体中可以有多个不同颜色的属性符号出现。例如，在图3－2－4中，深色的圆点表示该人正在服刑，而浅色的圆点则表示该人已被取保候审。属性符号还可以用一些形象的图形表示，如用房屋的图形表示当前的居住地，用枪械的图形表示携带武器，用毒品加注射器的图形表示吸食毒品等。要注意的是，不要在一张图中使用不同种类的属性符号，如既用颜色又用形象图形，要尽量使图简单易懂。另外，图中不要缺少对属性符号图例的说明。

（二）绘制关系图的步骤

关系图的制作一般包括 7 个最基本的步骤：收集原始数据、确定关系图要说明的问题、构建关系矩阵表格、制作草图、修改草图、完成关系图。图 3－2－5 就是某经济犯罪案件中涉案人员的关系图，从此关系图中可以清晰地看到该犯罪组织中各个成员之间的关系以及他们所控制的公司实体和所住的地点。

①收集原始数据

情报分析人员接到实战部门发出的情报分析支援的请求后，无论将进行何种分析，关系分析是最为基础的分析，尤其是在有组织犯罪案件中更为重要。因此，情报分析人员会从各种途径进行相关数据的收集。一方面，可以对公安机关所掌握的各种信息进行检索和查询，收集与该案成员有关的各种数据。另一方面，也通过侦查人员的各种公开和秘密的调查工作收集嫌疑对象的各种活动信息。这些信息以信息报告表的形式不断汇集到情报分析部门。情报分析人员应根据一定的标准（如时间、地点或人物等）对收集到的各种原始数据材料进行编号，为构建关系图做好准备。

②确定关系图要说明的问题

在构建关系图之前，情报分析人员必须明确关系图中需要说明哪些实体

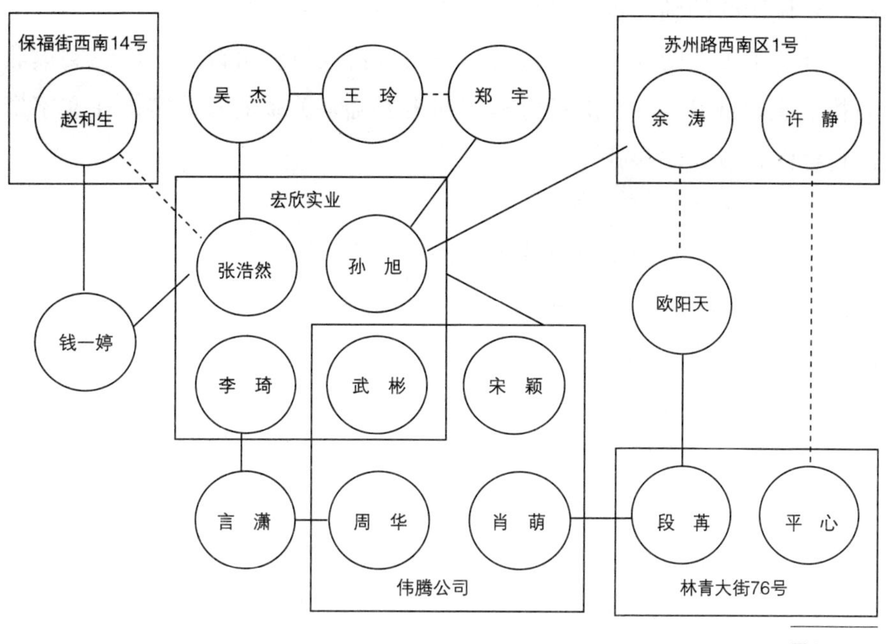

图3-2-5

之间的关系。一般情况下，涉案的实体包括涉案的人、涉案的法人组织、涉案的物品、涉案的地点。因此，可以将关系图中可能出现的涉案实体的关系分为以下几类：

（1）涉案人员之间的关系；

（2）涉案法人组织之间的关系；

（3）涉案人员与法人组织之间的关系；

（4）涉案人员与涉案物品之间的关系；

（5）涉案法人组织与涉案物品之间的关系；

（6）涉案人员与涉案地点之间的关系；

（7）涉案物品和涉案地点之间的关系。

在关系图中，涉案人员之间的关系、涉案人员与法人组织之间的关系及涉案法人组织之间的关系是关系图的主线，这些关系的构成是案情分析中主要应弄清的问题，其他的关系一般都附属于这些关系。因此，在构建关系图前，需要根据案件的具体情况和实际部门在案件侦查过程中的需求，确定关系图要说明的问题，也就是关系图应包括的关系种类。

确定了关系图要说明的问题，情报分析人员就可以开始详细阅读收集到的相关原始材料，并在阅读过程中对需要确定关系的有关实体在文字资料上进行标注，以方便寻找。

③构建关系矩阵表格

构建关系矩阵表格是制作关系图的一个中间环节，关系矩阵表格是一种特殊的表格，由一系列的横线、竖线和斜线构成。图 3－2－6 就是一张空白的关系矩阵表格。

构建关系矩阵表格的目的是将实体之间的众多复杂的关系厘清，为制作关系图做好准备。构建关系矩阵表格的步骤如下：

（1）在斜线格中分类填入实体名称

首先，情报分析人员应将已编号的相关文字信息中涉及的实体进行分类，根据关系图中将会涉及的实体在矩阵表格的斜线格中填入需要在关系图中出现的涉案实体的姓名或名称，图 3－2－7 和图 3－2－8 就是已填入实体名称的矩阵表格。

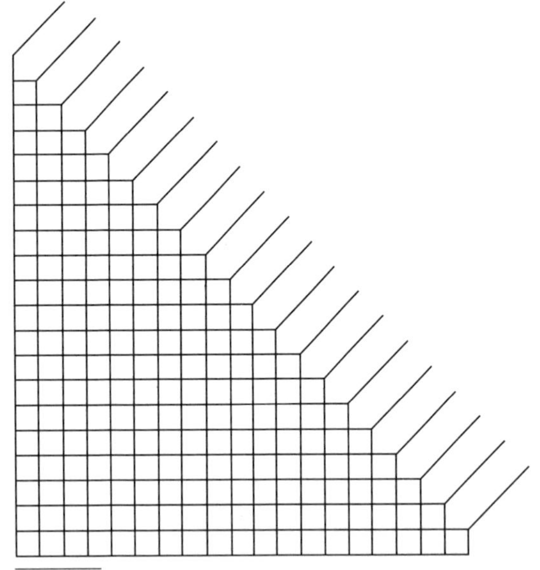

图 3－2－6

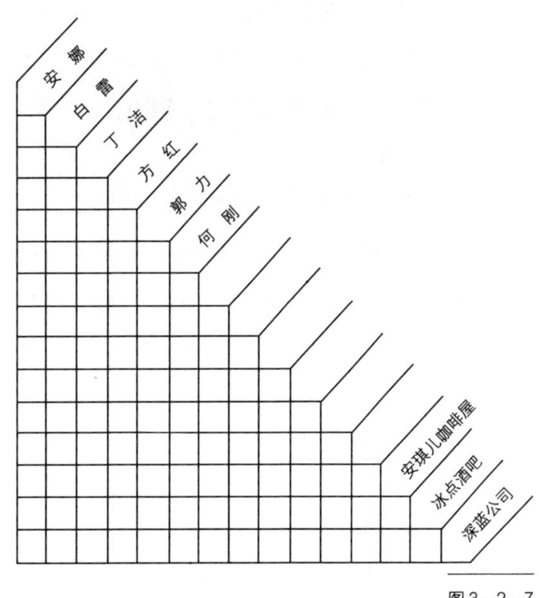

图3-2-7

如果关系图只涉及某一类实体，如涉案人员，那么只需按照涉案人员姓氏笔画数或姓名拼音字母的顺序进行排列即可。如果需要在斜线格中填入不同种类的涉案实体，就应当根据实体的类型分类按顺序填写。实体类型顺序的排列，一般先是涉案人员，然后是涉案法人组织或地点，最后是涉案物品工具等。在图3-2-7中，一共涉及2类实体，包括涉案人员和涉案经济实体，表中填写了6名涉案人员姓名和3个经济实体的名称。

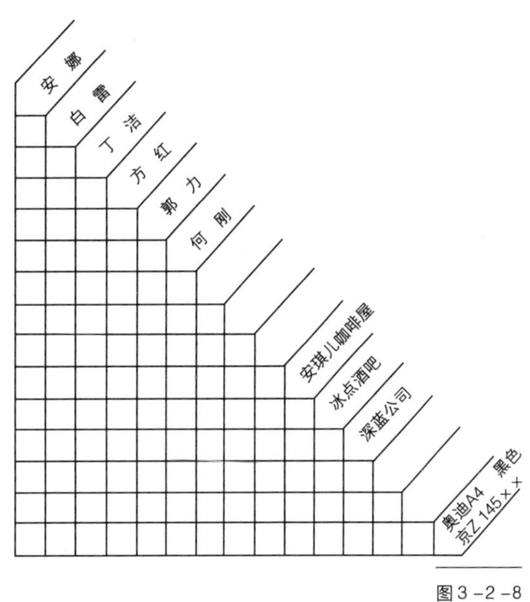

图3-2-8

在图3-2-8中，一共涉及3类实体，分别是涉案人员、经济实体和涉案机动车，其中有6名涉案人员、3个经济实体和1辆涉案机动车。因此，应先在斜线格中填入6名涉案人员的姓名，再填入3个经济实体的名称，最后填入涉案机动车。在填涉案物品、工具等时，一般要根据需要加入该物品、工具的相关信息，如车辆的型号、颜色和车牌号，以便该实体的特征在表中有较为系统的反映。

（2）在关系矩阵表格中进行标示

在填完实体名称后，情报分析人员应根据相关信息所显示的含义，当两个实体间存在某种关系时，在矩阵图的两个实体的交汇点上（矩阵表格对应的方格中）填入相应的关系符号。关系符号共分为4种，即实心圆、空心圆、加号和减号。具体关系符号及所表示的含义见表3－2－1。

表3－2－1　犯罪信息报告表

符号	含义
●	同类实体之间的关系已经被确认
○	实体之间的关系还没有被完全确认
+	某人从属于某组织，是其中的重要人员；或某物属于某人所有
−	某人从属于某组织，但只是组织的一般成员

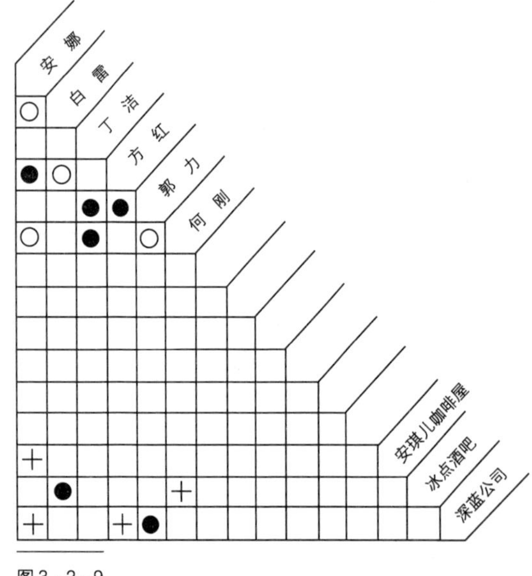

图3－2－9

实心圆符号和空心圆符号表示的是实体之间的联系，如涉案人与涉案人之间有频繁的电话联系和见面、涉案法人组织与涉案法人组织之间有密切的经济往来等。而加号与减号表示的是实体之间的包含、从属、拥有等关系，如涉案物品归属于某涉案人、涉案人为某涉案法人组织的财务总监等。图3－2－9就是一张已填入了关系符号的关系矩阵表格。

图3－2－9清晰地反映出

了每个实体与其他实体之间的关系。涉案人员安娜与白雷之间交叉点的空格中有一个实心圆的关系符，表示安娜与白雷之间的关系已经有确凿的证据加以证明，如侦查人员通过外线监控发现两人多次见面和通话。

图中安娜和何刚之间交叉点的空格中是一个空心圆的关系符，表示的是安娜和何刚之间的关系还没有非常确凿的证据加以证明，如侦查人员通过监控发现虽然两人有过联系，但是否属于正常的私人关系而非同案关系还不能确定，还需要进一步进行调查和监控。

图中，安娜和安琪儿咖啡屋及深蓝公司的交叉点的空格中都有一个加号关系符，说明安娜是这两人经济实体的主要负责人或主要成员。

（3）统计每个实体的关系数量

在关系矩阵表中填入关系符后，下一步就需要将关系矩阵表中每个实体的关系数量标示在表格下方相关的位置上。如何确定某个实体的关系数量呢？具体方法就是逐一统计表格中实体名称所对应纵向和横向关系格中关系符的数量，并将统计完的总数标在实体对应的纵向关系表格的最下方。下面以图 3－2－10 为例说明确定实体关系数量的方法。

在图 3－2－10 中，安娜位于实体名称斜线格的第一格，因此没有横向的关系格，她所有的关系都标示在纵向关系格中，只要数一下安娜纵向的关系格中的关系符的数量即可，同时，安娜向下的纵向关系格中共有 5 个关系符，其中与白雷及方红之间的关系符是实心圆，与何刚之间的关系符是空心圆，与安琪儿咖啡屋及深蓝公司之间的关系符是加号。因此，就可将数字 5 标示于安娜纵向关系格底边的下方，表示安娜共有 5 个关系。

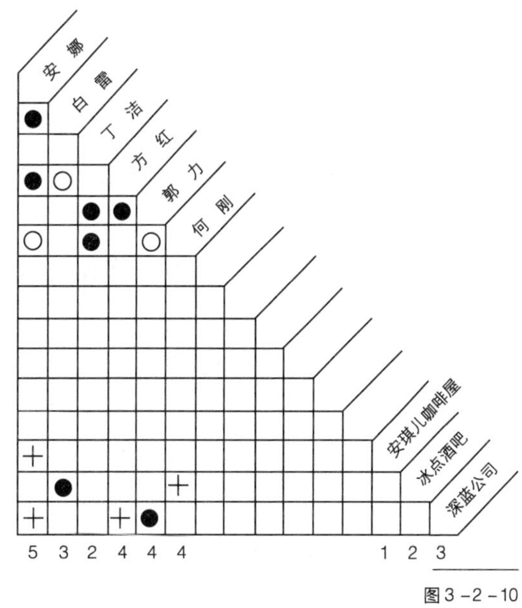

图 3－2－10

图中，白雷位于实体名称斜线格的第二格，既有横向的关系格，也有纵向的关系格。在白雷横向关系格中的关系符中只和安娜之间有1个实心圆关系符，然后再看纵向的关系格，共有2个关系符，其中与方红之间是空心圆关系符，与冰点酒吧之间是实心圆关系符，将白雷的横向与纵向关系格的关系符的数量进行总和，共是3个关系符。因此，应将数字3标示于白雷纵向关系格底边的下方，表示白雷共有3个关系。

图中剩下的实体关系数量的统计与前述相同，最后将所有的关系数量都标示到关系矩阵表格的最下端即完成了实体关系数量的统计工作。

（4）构思和绘制关系草图

在完成了实体关系矩阵表格后情报分析人员就可以开始构思关系草图。构思草图并不等于绘制草图，而是根据已有的素材，在头脑中形成关系图的大致轮廓和绘图思路。通过一系列的准备工作之后，此时情报分析人员已经对关系图中实体的种类和数量、关系的种类和数量有了非常准确的掌握，在此基础上就可以对每一个实体在图中的位置作一个总体的构思。

通常简单的关系图只包括两类实体，即涉案人员和涉案组织。一般情况下，实体的关系符数量多的要安排在图的中心部位，而关系符数量少的可安排在图的边缘。但是，在构思和绘制草图时，还要考虑实体间关系的类别，如果是同类实体之间的关系符多（空心圆或实心圆关系符多），说明该实体与其他实体之间的关系线多，但如果是涉案人与涉案组织之间的关系符多，或是涉案人与涉案地点之间的关系符多（加号或减号关系符多），并不代表该实体与其他实体之间的关系线多而是包含的关系多，因此，并不能将该实体置于图的中心。

在绘制草图时，一般是首先将关系线多的实体先绘制于图的中心部位，然后再逐渐向四周延伸，最后根据关系矩阵表格，将所有的实体和关系线绘于图线上，完成关系草图的绘制。图3－2－11就是根据图3－2－10关系矩阵表格而绘制的一张关系草图。

（5）审核和整理草图

在关系草图完成后，制图人需要对草图进行审核和整理。审查关系草图时，首先要根据信息报告表检查关系矩阵表中是否有遗漏和错误，然后再根据关系矩阵表检查关系草图，看关系草图中有无遗漏和错误。

整理关系图就是对关系图的结构进行调整，以便阐明问题和便于看图人理解。在关系图中，如果出现关系线过长或关系线之间有交叉的情况，就需要对草图中的实体位置进行调整，通过调整使实体间的关系被描述得更为清晰。图 3 – 2 – 11 是一张关系草图，而图 3 – 2 – 12 是在图3 – 2 – 11的基础上经过整理后的正式关系图。通过整理，调整了图 3 – 2 – 11 中郭力和白雷在图中的位置，消除关系线的交叉，使关系图更美观和清晰。

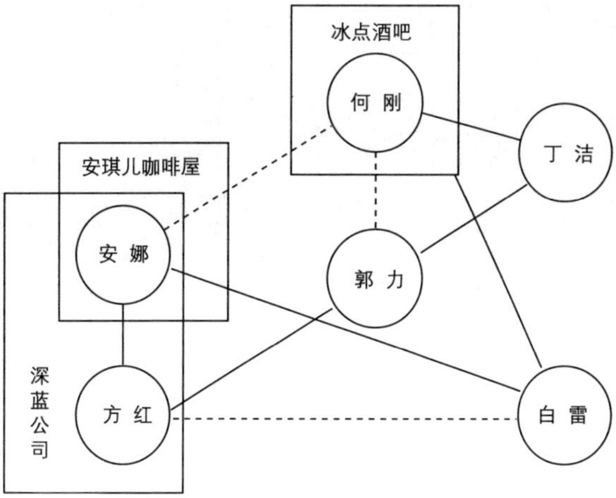

冰点酒吧
何刚
丁洁
安琪儿咖啡屋
安娜
郭力
深蓝公司
方红
白雷

图 3 – 2 – 11

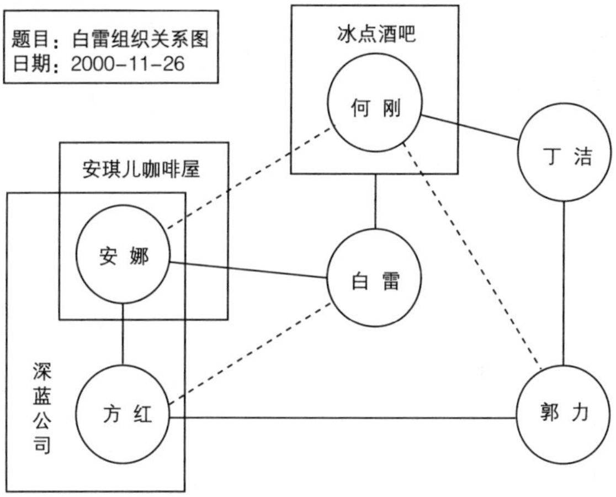

题目：白雷组织关系图
日期：2000-11-26
冰点酒吧
何刚
丁洁
安琪儿咖啡屋
安娜
白雷
深蓝公司
方红
郭力

图 3 – 2 – 12

（三）关系图的范例及变体

关系矩阵表中的关系越复杂，关系图就越复杂，有时就需要在图中使用一些实体符的变体。以下提供了许多有用的范例和变体。

1. 某人为多个实体组织的主要负责人

图 3 – 2 – 13 表示的是某人金飚既是金飚股份有限公司的主要负责人，又是白雷有限责任公司的主要负责人。

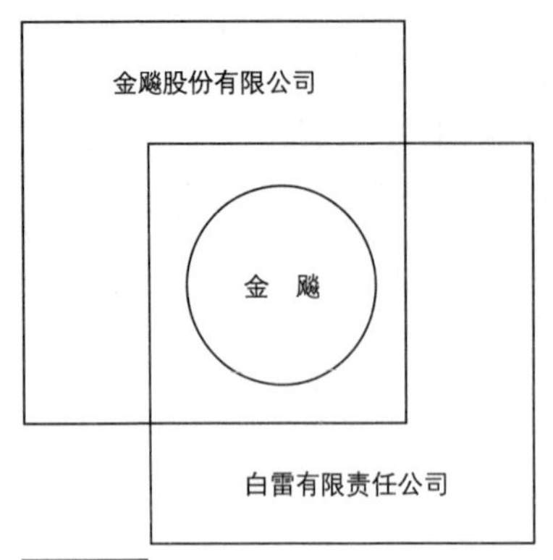

图 3－2－13

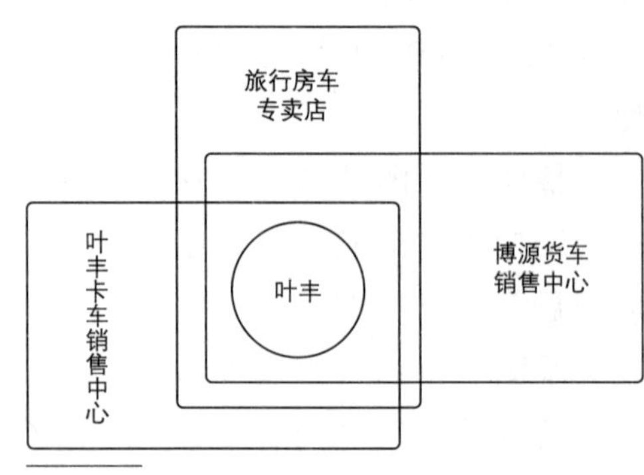

图 3－2－14

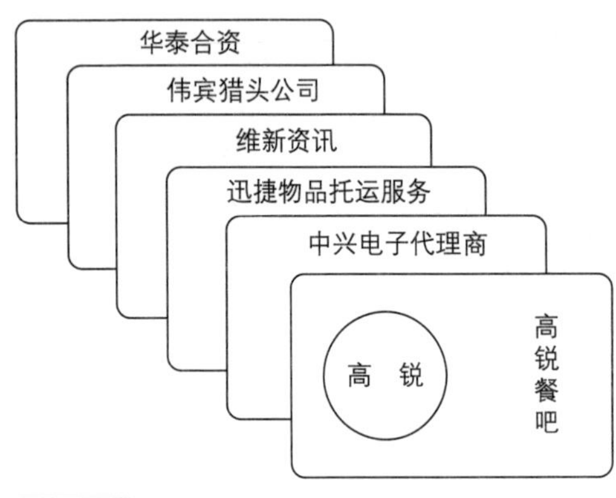

图 3－2－15

图 3－2－14 表示的是某人叶丰是旅行房车专卖店、叶丰卡车销售中心及博源货车销售中心三个经济组织的负责人。

图 3－2－15 表示的是某人高锐是高锐餐吧、中兴电子代理商、迅捷物品托运服务、维新资讯、伟宾猎头公司、华泰合资 6 个经济组织的负责人。

2. 某个经济组织由多个人进行控制

图 3－2－16 表示的是国际航空公司这一经济组织由业务部经理、工程部经理及财务部秘书控制，并且这 3 人之间存在已被确认的关系。

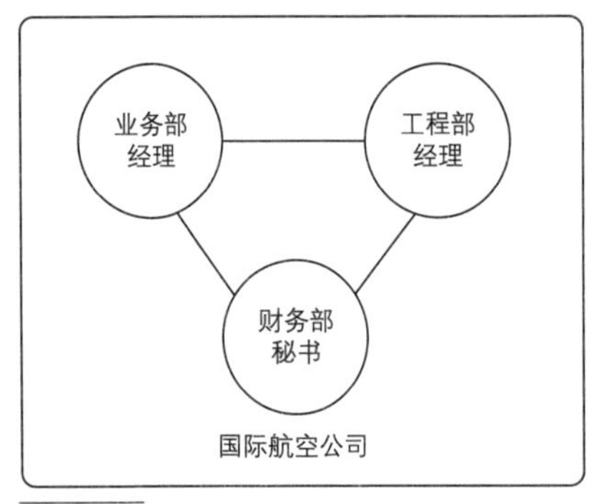

图 3－2－16

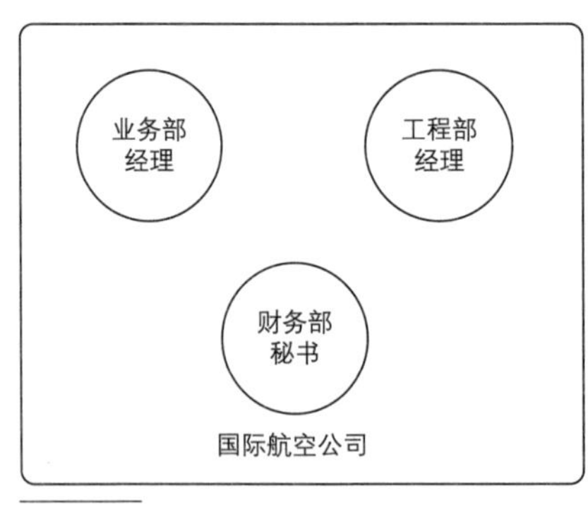

图 3－2－17

图 3－2－17 表示的是国际航空公司这一经济组织由业务部经理、工程部经理及财务部秘书控制，但是这 3 人之间不存在涉案的关系。

3. 某自然人与经济实体之间的关系

图 3－2－18 表示的是李馨文与荣氏集团这一经济组织有已确认的关系，而荣氏集团的主要负责人为荣明华、张铭和马海涛，他们之间没有涉案的关系。

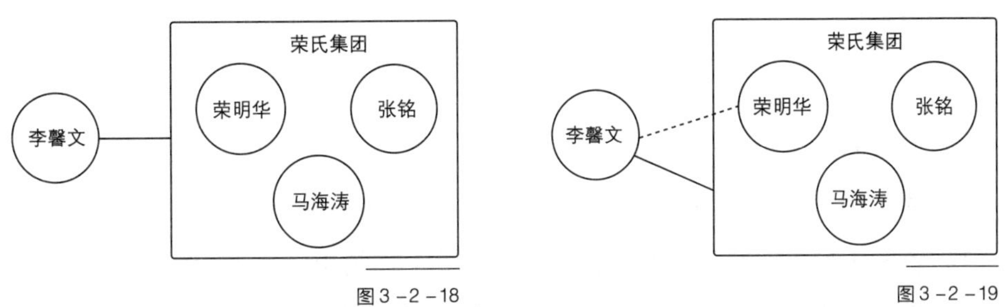

图 3－2－18　图 3－2－19

图 3－2－19 表示荣明华、张铭、马海涛三人为荣氏集团的主要负责人，李馨文与荣氏集团存在已被证实的关系，而李馨文与荣明华之间的关系还未被完全证实。

图 3－2－20 表示何刚为长乐地产发展有限公司的主要负责人，已有证据证明何刚与史卿之间通过一个中间人发生关系，但中间人目前还没搞清到底是谁。

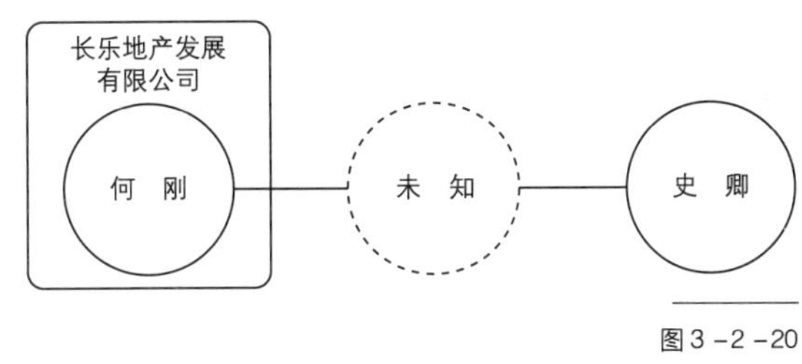

图 3－2－20

4. 两个经济实体之间的关系

图 3－2－21 表示的是天宇二手车店与百胜汽车配件中心这两个经济实体之间存在已被证实的关系，姚宁和褚天宇是天宇二手车店的主要负责人，而范韦伯、郝锦和谢鑫是百胜汽车配件中心的主要负责人。

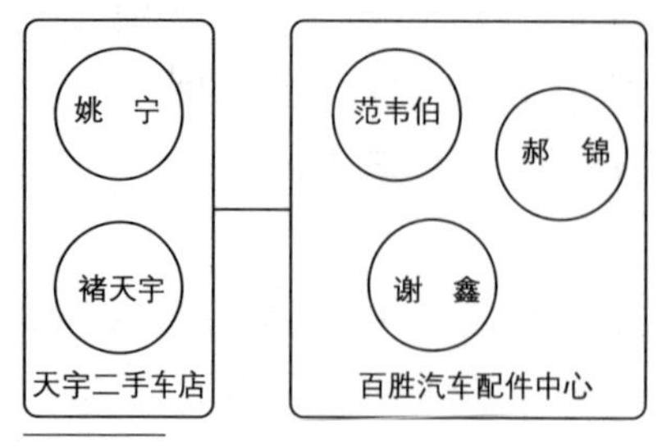

图 3－2－21

（四）关系图制作练习

根据下面提供的 7 张犯罪信息报告表（表 3－2－2 至表 3－2－8），首先利用已知的犯罪信息报告表所提供的信息制作一个关系矩阵表（图 3－2－22 为空白矩阵表），然后依据构建的关系矩阵画出关系图。

在练习过程中应按本节所述制作关系图的步骤，先仔细阅读信息报告表，根据对来源的可靠性和信息的有效性，确定其是否可用。在阅读过程中要将所有在关系矩阵表中可能涉及的实体用笔标示出来，然后将其分类填入关系矩阵表中相应的位置，再根据信息表中的信息填入相关的关系符，最后清点关系的数量并统计于矩阵表的底端。

完成关系矩阵表后，再根据每个实体的关系数量，设计每个实体在图中的最佳位置，并添加关系线和组织矩形框，构建关系草图，在关系草图的基础上进行修改和完善，完成最后正式关系图。

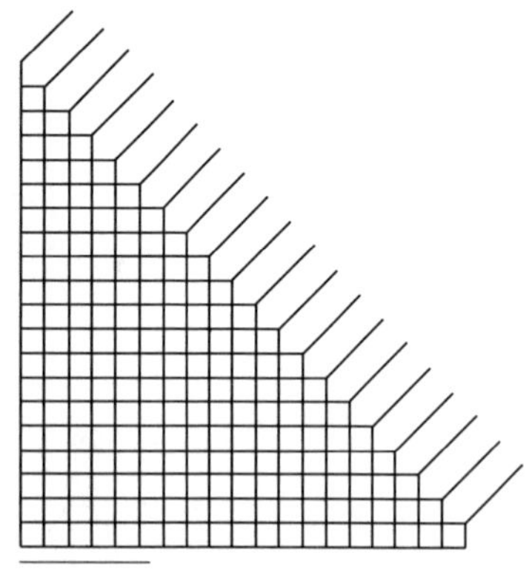

图 3－2－22

表3-2-2 犯罪信息报告表

<table>
<tr><td colspan="2">来源可靠性评价</td><td>信 息 来 源</td><td>报告编号</td></tr>
<tr><td>代码</td><td>评价结果</td><td rowspan="5">根据外线侦查员张刚的监控获得</td><td rowspan="2">20050123</td></tr>
<tr><td>A</td><td>√</td></tr>
<tr><td>B</td><td></td><td>报告时间</td></tr>
<tr><td>C</td><td></td><td rowspan="2">2005. 3. 24</td></tr>
<tr><td>D</td><td></td></tr>
<tr><td colspan="2">信息真实性评价</td><td>1</td><td>报告人</td></tr>
<tr><td colspan="2">主　　题</td><td>王飞与周明、张波的接触情况</td><td>张　刚</td></tr>
<tr><td colspan="2">报告内容</td><td colspan="2">一个名叫王飞的犯罪嫌疑人和周明在宏伟饭店有过多次接触，每次在与周明接触前王飞还与一个叫张波的男性在宏伟饭店碰面。经查实，周明和张波均是盗窃犯罪嫌疑人</td></tr>
<tr><td colspan="2" rowspan="2">备注</td><td rowspan="2"></td><td>审　核　人</td></tr>
<tr><td>张小伟</td></tr>
</table>

表3-2-3 犯罪信息报告表

<table>
<tr><td colspan="2">来源可靠性评价</td><td>信 息 来 源</td><td>报告编号</td></tr>
<tr><td>代码</td><td>评价结果</td><td rowspan="5">根据外线侦查员张刚的监控获得</td><td rowspan="2">20050128</td></tr>
<tr><td>A</td><td>√</td></tr>
<tr><td>B</td><td></td><td>报告时间</td></tr>
<tr><td>C</td><td></td><td rowspan="2">2005. 3. 26</td></tr>
<tr><td>D</td><td></td></tr>
<tr><td colspan="2">信息真实性评价</td><td>1</td><td>报告人</td></tr>
<tr><td colspan="2">主　　题</td><td>王飞与尹晓松的接触情况</td><td>张　刚</td></tr>
<tr><td colspan="2">报告内容</td><td colspan="2">王飞在每次与周明和张波见面后，都要去尹晓松的办公室，而且在尹晓松的办公室逗留很长时间才离开，尹晓松曾因伪造货币被判刑</td></tr>
<tr><td colspan="2" rowspan="2">备注</td><td rowspan="2"></td><td>审　核　人</td></tr>
<tr><td>张小伟</td></tr>
</table>

表3-2-4　犯罪信息报告表

<table>
<tr><td colspan="2">来源可靠性评价</td><td>信　息　来　源</td><td>报告编号</td></tr>
<tr><td>代码</td><td>评价结果</td><td rowspan="5">根据编号为N0310的秘密探查人员提供</td><td rowspan="2">20050130</td></tr>
<tr><td>A</td><td>√</td></tr>
<tr><td>B</td><td></td><td>报告时间</td></tr>
<tr><td>C</td><td></td><td rowspan="2">2005.3.26</td></tr>
<tr><td>D</td><td></td></tr>
<tr><td colspan="2">信息真实性评价</td><td>2</td><td>报告人</td></tr>
<tr><td colspan="2">主　　题</td><td>尹晓松参与伪造货币犯罪案件</td><td>张　刚</td></tr>
<tr><td colspan="2">报告内容</td><td colspan="2">据一名可靠的秘密探查人员提供的情报有一个叫尹晓松的犯罪嫌疑人（男，33岁，家住本市宏源南里38号104室）目前正在参与一起伪造货币犯罪案件，其曾目睹了尹晓松与其同伙一起转动过假币。该秘密探查人员（编号为N0310）为公安机关提供的信息一直非常可靠</td></tr>
<tr><td colspan="2" rowspan="2">备注</td><td rowspan="2"></td><td>审　核　人</td></tr>
<tr><td>张小伟</td></tr>
</table>

表3-2-5　犯罪信息报告表

<table>
<tr><td colspan="2">来源可靠性评价</td><td>信　息　来　源</td><td>报告编号</td></tr>
<tr><td>代码</td><td>评价结果</td><td rowspan="5">根据外线侦查员马明的监控获得</td><td rowspan="2">20050140</td></tr>
<tr><td>A</td><td>√</td></tr>
<tr><td>B</td><td></td><td>报告时间</td></tr>
<tr><td>C</td><td></td><td rowspan="2">2005.4.2</td></tr>
<tr><td>D</td><td></td></tr>
<tr><td colspan="2">信息真实性评价</td><td>1</td><td>报告人</td></tr>
<tr><td colspan="2">主　　题</td><td>周明进入上海路20号的房子</td><td>马　明</td></tr>
<tr><td colspan="2">报告内容</td><td colspan="2">周明曾两次进入上海路20号的一所房子，每次他都在里面待35分钟左右。经查，这所房子的产权属于吴清平所有</td></tr>
<tr><td colspan="2" rowspan="2">备注</td><td rowspan="2"></td><td>审　核　人</td></tr>
<tr><td>张小伟</td></tr>
</table>

表3－2－6　犯罪信息报告表

<table>
<tr><td colspan="2">来源可靠性评价</td><td>信　息　来　源</td><td>报告编号</td></tr>
<tr><td>代码</td><td>评价结果</td><td rowspan="5">编号为N330的秘密控查人员提供</td><td>2005148</td></tr>
<tr><td>A</td><td></td><td rowspan="2">报告时间</td></tr>
<tr><td>B</td><td>√</td></tr>
<tr><td>C</td><td></td><td rowspan="2">2005.4.2</td></tr>
<tr><td>D</td><td></td></tr>
<tr><td colspan="2">信息真实性评价</td><td>2</td><td>报告人</td></tr>
<tr><td colspan="2">主　　题</td><td>周明进入上海路20号的房子</td><td>马　明</td></tr>
<tr><td colspan="2">报告内容</td><td colspan="2">张波是一个入室盗窃团伙的头目，曾参与多起入室盗窃案件，并且具有较高的盗窃技能</td></tr>
<tr><td colspan="2" rowspan="2">备注</td><td rowspan="2"></td><td>审　核　人</td></tr>
<tr><td>张小伟</td></tr>
</table>

表3－2－7　犯罪信息报告表

<table>
<tr><td colspan="2">来源可靠性评价</td><td>信　息　来　源</td><td>报告编号</td></tr>
<tr><td>代码</td><td>评价结果</td><td rowspan="5">根据外线侦查员翟锐的监控获得</td><td>20050198</td></tr>
<tr><td>A</td><td>√</td><td rowspan="2">报告时间</td></tr>
<tr><td>B</td><td></td></tr>
<tr><td>C</td><td></td><td rowspan="2">2005.4.30</td></tr>
<tr><td>D</td><td></td></tr>
<tr><td colspan="2">信息真实性评价</td><td>1</td><td>报告人</td></tr>
<tr><td colspan="2">主　　题</td><td>周明与张波的见面情况</td><td>翟　锐</td></tr>
<tr><td colspan="2">报告内容</td><td colspan="2">每次周明去上海路20号的房子后，都有一个长得很像张波的人进入这所房子。后经查实，该人确实为张波（男，25岁，无业，现住青风区南宫小区3号楼305室）</td></tr>
<tr><td colspan="2" rowspan="2">备注</td><td rowspan="2"></td><td>审　核　人</td></tr>
<tr><td>张小伟</td></tr>
</table>

表3－2－8　犯罪信息报告表

<table>
<tr><td colspan="2">来源可靠性评价</td><td>信　息　来　源</td><td>报告编号</td></tr>
<tr><td>代码</td><td>评价结果</td><td rowspan="5">根据 N402 号秘密探查人员亲眼所见</td><td rowspan="2">20050238</td></tr>
<tr><td>A</td><td></td></tr>
<tr><td>B</td><td>√</td><td>报告时间</td></tr>
<tr><td>C</td><td></td><td rowspan="2">2005. 5. 12</td></tr>
<tr><td>D</td><td></td></tr>
<tr><td colspan="2">信息真实性评价</td><td>2</td><td>报告人</td></tr>
<tr><td colspan="2">主　　题</td><td>张波与吴清平及尹晓松的关系</td><td>翟　锐</td></tr>
<tr><td colspan="2">报告内容</td><td colspan="2">张波和吴清平、张波和尹晓松以及吴清平和尹晓松之间都有能确认的关系</td></tr>
<tr><td colspan="2" rowspan="2">备注</td><td rowspan="2"></td><td>审　核　人</td></tr>
<tr><td>张小伟</td></tr>
</table>

二、 流向图

（一）流向图简介

流向图（Flow Charting）是指在犯罪情报分析过程中，根据研究案情的需要将涉案物质客体随时间变化而转移、变化的规律用图形表示出来的一种图形分析工具。

在很多刑事案件的侦查过程中会涉及许多需要关注的重要的涉案物质客体，这些涉案物质客体随着时间推移在不断发生着转移和变化，而这些转移和变化对于侦查人员认识案件有着至关重要的作用。同时，对案件中某个特定客体的变化和流向情况的掌握也有助于提高对犯罪行为或犯罪组织的理解。例如，在一起贩毒案件中，制作一张毒品在其贩毒网络中的流向图，就可以通过毒品的流向找出贩毒案件中的核心人物。通过贩毒组织中一些主要人物的财务情况制作的资金流向图，能够使侦查人员了解贩卖毒品行为的一些规律，甚至可以发现一些没有被侦查部门纳入视线的犯罪嫌疑人。如何利用对案件中物质客体转移和变化的研究来推进对案件的分析，是侦查人员和情报分析人员不可缺少的工作内容，而绘制案件中物质客体的流向图是进行分析研究的基本条件。

流向图表示的是涉案物质客体的流动情况，是一种动态的过程，其流动的情况要有相关的信息作为支撑。在侦查实践工作中，有时由于对涉案客体的情况掌握得不够全面，在制作流向图时就会面临困难。因此，根据流向图的相关支撑材料是否全面可以将流向图分为确定性流向图和假设性流向图。确定性流向图就是指在全面、确凿的信息材料的基础上构建的流向图，假设性流向图则是指由于信息材料的不全面，只能根据客体在转移过程中的前后环节情况对某些环节进行合理假设而构建的流向图。例如，当侦查人员知道有的涉案目标离开了某地，但其间去了哪儿没有完全掌握，只是确认涉案目标在一段时间后出现在了另一地点。在这种情况下，情报分析人员或侦查人员只能构建假设性流向图。

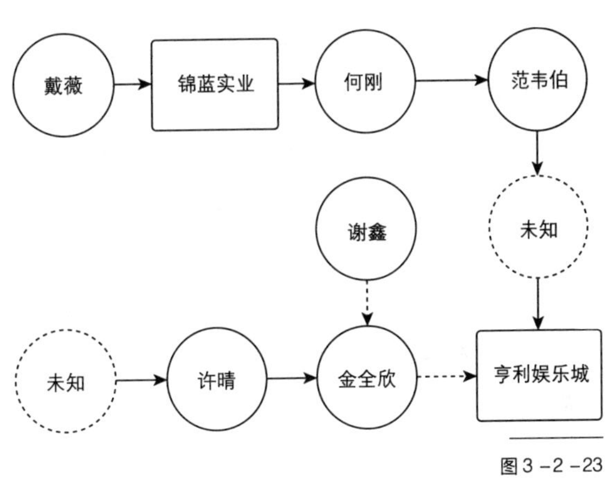

图 3－2－23

图 3－2－23 就是一张假设性流向图，在此图中如果流动的物品为毒品，那么可以从图中看到毒品的流向有两条线，一条是从戴薇开始，经过锦蓝实业、何刚、范韦伯，最后到亨利娱乐城，但在范韦伯和亨利娱乐城之间的一个环节侦查人员还未查实，因此用虚线表示。另一条线的起点还未知，然后经过许晴、金全欣，最后到亨利娱乐城。这张流向图中有两个环节由于侦查人员掌握的信息不够，还无法完全确定，只能用虚线进行表示，但并不影响总体含义的表达。侦查人员通过这张流向图可以准确表示出毒品通过戴薇和某个未知的犯罪嫌疑人这两个起点，由两条线中若干个环节的传递，最后流入亨利娱乐城。

（二）流向图的制作

在对某案件的情报分析工作中，最早绘制的往往是关系图，而流向图是在绘制出涉案实体之间的关系图后需要对于某重要涉案客体的转移情况进行分析和推断时才进行制作。因此，流向图也可以看作是在关系图的基础上，将某些关系线加上箭头后变成方向符后形成的一种图形。

其制作步骤共分为 3 步：分析研究关系图、确定关系图中需要分析其转移情况的实体和实体的流动方向、构建流向图。

1. 分析研究关系图

关系图是表示涉案实体之间关系的图形，实体之间的关系和活动主要用关系线进行描述，因此，要搞清犯罪组织中的复杂关系，必须通过对各种关系的分析和信息集成。而涉案客体的流动就某一个案而言一定脱离不开案件中的涉案实体，涉案客体必然是在各涉案实体之间进行流动，如涉案资金、涉案毒品一定是在涉案人、涉案组织之间流动，因此，分析研究关系图就是为了搞清实体及实体之间的关系，如实体的数量、实体的类型、实体之间有什么样的关系等，为构建流向图作准备。

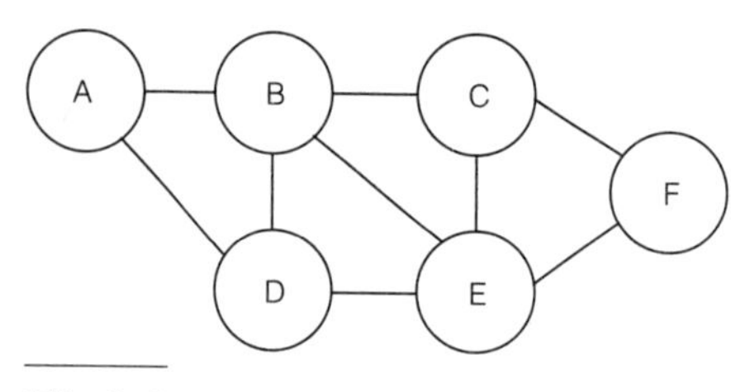

图 3－2－24

假设在图 3－2－24 中流动的是某贩毒案件中的毒品，情报分析部门首先根据已掌握的犯罪情报信息构建一张关系图，在此图中可看出有 A、B、C、D、E、F 共 6 个涉案实体（包括人和组织）。

2. 确定关系图中需要分析其转移情况的实体和实体的流动方向

在关系图的基础上，情报分析人员应根据某涉案客体所流转环节中涉及的实体的情况，确定哪些实体应在流向图中出现，哪些实体应在流向图中抹去。在图 3－2－24 的基础上，情报分析人员通过对掌握相关材料的分析，发现只有 C 没有接手过涉案的毒品，其他几个涉案人员都成了毒品流转的环节之一。因此，在该步骤中应将 C 及相关的关系线在图中抹去。然后通过相关材料提供的信息，发现在该贩毒组织中，毒品的流动有两条线，一条是从

A 经过 B 再经过 E 最后到 F，另一条是从 D 经过 E 最后到 F。

3. 构建流向图

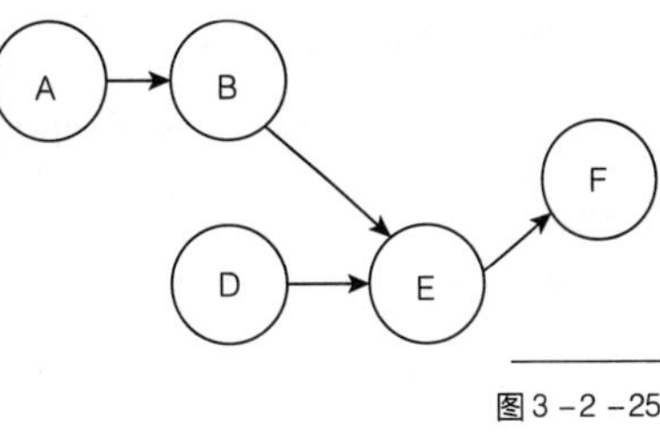

图 3 - 2 - 25

在确定了关系图中相关的实体和关系线后，根据流转客体的流动方向，将关系线变换成带有箭头的流向线，流向图就基本构建完成。当然还应当在图形的相应适当位置填入图的标题、图例说明、制图日期、制图人和制图单位等。图例说明主要是用以表示流动的客体为何，如毒品、资金等。图 3 - 2 - 25 就是在图 3 - 2 - 24 的基础上将与物品流转环节无关的实体 C 及其关系线在图中抹去，并根据毒品的实际流向，将原来的关系线加上了箭头，即成了一张毒品的流向图。

4. 流向图制作练习

根据以下与某机动车盗窃案相关的 6 个犯罪信息中提供的信息制作完成该案中被盗机动车的流向图。

情报信息 1：

根据对犯罪嫌疑人的监控发现，王晓飞在一周内运送了 5 辆盗窃来的机动车到飞腾汽车修理厂。(A1)

情报信息 2：

根据一个秘密探查人员的报告，他确认王晓飞、吴刚和陈宏都为机动车盗窃犯罪嫌疑人，他们就在一个特定的区域进行盗窃。(B2)

情报信息 3：

根据一个匿名者举报，宏伟汽车修理厂正在收购赃车，他们每周从吴刚和陈宏处收购 10 辆左右的赃车，而且宏伟汽车修理厂每个月都向昊天汽车销售公司卖近 140 辆机动车。(B3)

情报信息 4：

根据商业资料的调查，昊天汽车销售公司平均每个月要向其他汽车经销商卖近 160 辆机动车。(A2)

情报信息 5：

根据可靠消息，有一个盗窃机动车的犯罪组织活跃在昊天汽车销售公司

和飞腾汽车修理厂之间。（A1）

情报信息6：

有消息显示，昊天汽车销售公司又从飞腾汽车修理厂买入机动车。（B3）

三、事件图

（一）事件图简介

事件图（Event Charting）在本质上就是一张流向图，只是将物质客体变为了涉案的事件而已。事件图可以将涉案事件发生的顺序通过图表的形式反映出来，在时间坐标下，将事件发生、发展的脉络理得更为清晰。事件图在一些复杂的案件中应及早地被绘制出来，因为只有搞清了案件中与犯罪有关事件的发生过程，才能对案件的发展进行分析和预测。

1. 事件图的构成

事件图的构成包括3个基本要素，即事件文本框、方向指示标线和时间表示符。

（1）事件文本框。在圆形框或矩形框中填入相应文字对事件的情况进行简要的描述，应注意的是，不论选择圆形框或矩形框，在一张事件图中不能使用不同形状的事件文本框，或统一使用圆形框，或统一使用矩形框。对事件的文字描述要尽可能简要，只要包括事件的主要内容即可。

（2）方向指示标线。即用带箭头的细线来连接各个涉案的事件，表示某一事件发生之后又发生了一个什么涉案的事件。

（3）时间表示符。事件发生的时间表示方式有两种，一种是在事件文本框内进行时间的描述，还有一种方式是用时间线表示，即在图的上方用条状的时间线表示每个事件发生的时间。

2. 事件图的形式

尽管事件图是表示某一刑事案件中多个涉案事件之间时间关系的一种图形，但其表现的形式灵活多样。从总体上看，可以分为一般事件图和时间线事件图。

（1）一般事件图的表示形式

在一般事件图中，是将时间与事件的文字描述放在事件框内，并用方向指示标线将每个事件框按照事件发生的先后顺序进行排列。图 3－2－26 就是一般事件图，在该图中将涉案的 8 个事件及 8 个事件涉及的 5 个时间（因为有两组事件发生的时间相同）放在 8 个事件文本框内，以发生的时间顺序对事件文本框进行了横向排列，把相同时间发生的事件文本框放在相同的纵向轴上，并以方向标示线将事件框进行连接。

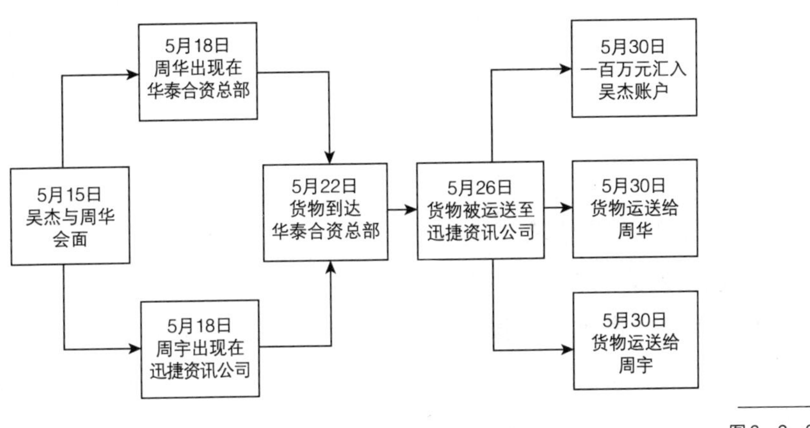

图 3－2－26

（2）时间线事件图的表示形式

时间线事件图与一般事件图的差别主要体现在，事件文本框中不出现事件发生的时间，而只是将描述事件的文字放入事件文本框中，所有事件发生的时间统一放在时间线上，并将时间线置于图的顶部，所有在同一时间发生的事件都放在时间线相关时间的下方。图 3－2－27 就是一张时间线事件图，该图是在图 3－2－26 的一般事件图的基础上将所有事件发生的时间都放入时间线内统一进行标示，非常简洁明了。

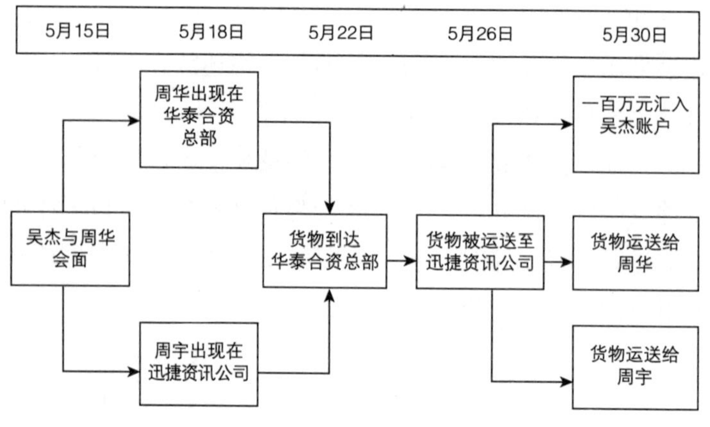

图3－2－27

（二）事件图的制作步骤

1. 在情报信息表中进行标示

在绘制事件图前，情报分析人员应在情报信息表中将与案件有关的事件（包括发生时间和主要内容）用颜色笔进行标示，然后按照时间顺序把情报信息表进行排序。在标示时，要注意对涉及的事件进行选择，并不是所有事件都要进行标示，而是挑选那些与案件有关的事件作为事件图的组成。

2. 绘制事件文本框并填入对事件进行描述的文字

在绘制事件文本框前，先要确定文本框的数量。然后将同一时间或时间段发生的事件进行归类，按发生的时间顺序在图纸上从左到右进行事件框的排列。对于同一时间或时间段发生的事件，其事件文本框列于同一纵向轴上，从上至下排成一条直线。如果是制作一般事件图，则需要将事件的发生时间及事件内容文本逐一填入事件文本框中。如果是制作时间线事件图，则需要在事件图的上方先画出时间线，并在时间线上标注好时间。在画时间线时，应注意标注的时间点应包括所有涉及事件的发生时间，然后将发生在某一特定时间的事件排列在对应的时间点下方。

3. 用方向标示线连接事件文本框

在画好时间线及排列好所有的事件文本框后，要按照事件发生的先后顺序在事件文本框之间用带箭头的线条进行连接。通过方向连线可以清晰地表示每个事件之间的发生顺序和事件之间的内在规律。

（三）推断性事件图

在事件图中有一个比较特殊的种类，叫推断性事件图。大多数事件图所依据的情报信息都是经过检验、核实的，即事件文本框中的内容是通过一定途径所获取的可信度很高的情报信息。在事件图中，也有一些涉案的事件是通过情报分析人员对已掌握的前、后事件的分析得出的推论，这个推断出的事件并不是侦查人员通过一定途径获取的情报信息的内容。如果在事件图中存在着推断出的事件，那么可将其称为推断性事件图。

推断性事件图和其他事件图最为明显的差异就是通过推断得到的事件是用虚线文本框进行表示的，图 3－2－28 就是一张推断性事件图。

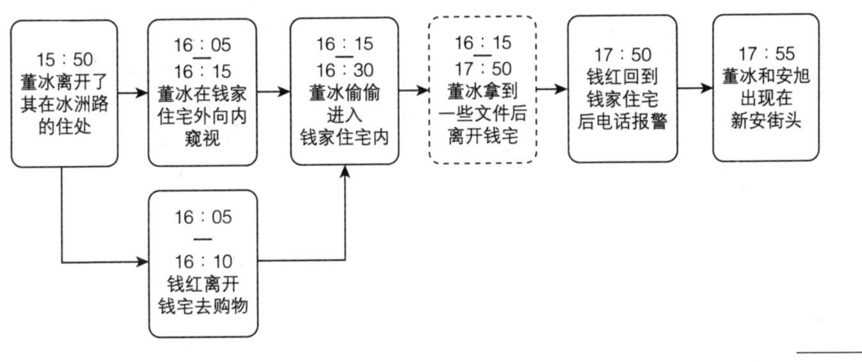

图 3－2－28

在该推断性事件图中，在 16 时 15 分至 17 时 50 分之间所发生的事件（董冰拿到一些文件后离开钱宅）是通过发生在其前后的两个事件推断出来的，因此用虚线的事件文本框表示。

（四）事件图制作练习

请根据以下提供的案件信息制作一张事件图，在制作之前应先将案件信息中涉及的事件发生时间和事件主要内容用笔标示出来，然后再进行事件图的设计制作。通过制作事件图，可以非常清晰地了解案件发生、发展、结束的整个过程及每个犯罪嫌疑人在案件中犯罪活动的差别。

案件信息：2003 年 6 月某市一个储蓄所遭到了犯罪嫌疑人的抢劫。案发当天中午 12 时 36 分，储蓄所的值班经理刚吃完午饭回到单位，看见一个男子拎着一个手提袋走进邮局。5 分钟后，这名男子突然拿出手枪命令储蓄所的工作人员都站到营业柜台后面，然后他命令一名工作人员将柜台上的现金递给他。12 时 50 分，值班经理想进行反抗，犯罪嫌疑人立即用枪威胁年轻的女工作人员，值班经理只好作罢。12 时 53 分，现金被递到犯罪嫌疑人手中。12 时 55 分，犯罪嫌疑人逃离储蓄所。案件发生后，侦查人员一方面进行现场勘验，另一方面迅速进行现场调查访问，他们在进行现场访问时，发现了大量与犯罪行为有关的信息。一些群众在案发前（大约中午 12 时 30 分）看到有一辆白色的桑塔纳轿车停在储蓄所边上，从车上下来两名与抢劫犯罪嫌疑人体貌特征相似的可疑男子在储蓄所附近游荡。大约 6 分钟后，有一名可疑男子回到车上，另一名可疑男子进入储蓄所。还有一些群众看到在 12 时 55 分左右，有一个男子从储蓄所里慌忙地冲出来，跑到一辆停在储蓄所附近的白色桑塔纳轿车边，跳进副驾驶，然后车就开走了，从这名男子跑出储蓄所到车开走用了不到 2 分钟的时间。

四、 行为模式图

（一）行为模式图简介

行为模式图（Activity Charting）与事件图比较相似，事件图表示的是案件中涉案事件的发展变化，而行为模式图表示的是涉案行为的发展变化，并以这种行为的发展变化来揭示犯罪行为的规律和模式。行为模式图有利于分析具体的行为过程或者揭示一系列案件中犯罪行为的模式。事件图更关注事件内容和事件发生的顺序，而行为模式图更关注的是事件中行为的内容和方式。每个行为模式图都必须围绕解决以下 3 个问题而制作：什么行为能够独立于其他行为而存在、什么行为必须在某行为之前发生、什么行为必须在某行为之后发生。

行为模式常常呈现出某种行为的反复或循环，因此，可以通过几张事件图所提供的信息绘制一张行为模式图。通过行为模式图可以归纳出某种行为的模式或建立起某犯罪行为的模型，如攻击的方法、时间与地点的选择、凶器的选择等。情报分析人员还可以通过制作行为模式图来分析犯罪行为将来发展的方向，从而进行评估和预测。

图 3 -2 -29 就是一张典型的行为模式图。该行为模式图是对旅行前的准备工作过程所作的一种模式化的分析和研究，也就是将开始旅行前的所有具体行为进行分析后得出的一种行为模式或行为模型。从该图中我们可以清晰地看出从准备旅行到开始旅行之间需要包括的一般行为内容和顺序，对于没有旅行过的人来说，看了这张行为模式图后，对以后的旅行准备工作会有很大的借鉴意义。

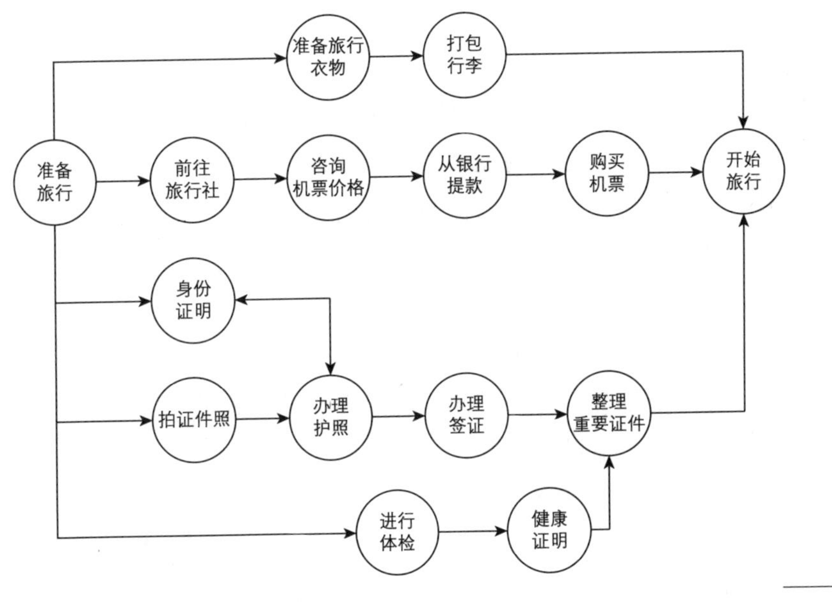

图 3 -2 -29

行为模式图可以提供一系列行为之间的相互关系，有的行为是在另外一个行为的基础上才能实施，如购买机票必须在从银行提款的基础上才能实施；而有的行为则必须是在另外一个行为之前实施，如办理护照必须在办理签证之前实施；有的数个行为完成后才可以有另一个行为的实施，如必须准备好身份证明及拍完证件照片后才可以去办理护照。

（二）行为模式图的制作步骤

1. 在情报信息表格中标示出与犯罪相关的行为

在制作行为模式图之前，情报分析人员首先需要确定制作的目的，即是为了研究犯罪行为人的行为过程，还是研究犯罪行为的模式。然后，收集所有相关的情报信息表格和资料，并对其中相关的行为用笔进行标示。

2. 对标示出的行为进行分析研究

在将所有相关的行为在情报信息表中标示出来后，情报分析人员应对这些行为在案件中发生的时间、地点、内容、过程、目的、条件、后果等进行细致的分析和研究，搞清楚每个行为之间的关系，包括其时间的先后关系、相互之间的依存关系等。

3. 将所有相关行为在图纸上用行为符号绘制出来

在搞清了每个行为之间的先后关系和依存关系的基础上，确定要在行为模式图中出现的行为数量，然后按照行为的相互关系，在图纸的适当位置画出行为符（一般用圆形文本框表示）。行为符在图中的位置要与其先后的顺序和依存关系相符。

4. 在行为符号中填入描述行为的文字

在行为符中将每个行为的具体内容用文字的形式填入，文字必须非常精练，不能过于繁杂，是对行为内容的概括性说明。

5. 用带箭头的连线将各个行为符号进行连接

在行为符中填入描述行为内容的文字后，将每个行为符用带箭头的连线进行连接，以表示每个行为之间的关系和流向。最后，还需要在图纸的上端加上图的标题，在图纸的下方加上制图人和制图日期等。

（三）利用事件图制作行为模式图

情报分析人员常常需要通过对系列案件中个案的研究，为侦查人员提供犯罪行为的模式，并将行为模式图呈现出来。最为简洁的方法就是利用已经绘制好的事件图，通过分析研究来构建犯罪的行为模式图。事件图是对案件中相关事件（案件中与犯罪有关的行为及其结果）发展演变过程的描述，尽管事件图不能揭示出犯罪行为的模式，但情报分析人员可以通过对事件图的研究，挖掘出事件发展演变中的内在规律，构建出能揭示犯罪行为模式的行为模式图。在利用事件图制作行为模式图的过程中，非常关键的一点是制图人员是否能够准确地从事件图中捕捉到行为模式的信息，并将其归纳提炼成犯罪行为模式。

以图 3－2－30 为例，该事件图中所描述的事件信息都是一些具体发生的行为和行为结果，从 3 名男子向宏源餐厅索要保护费遭到拒绝开始，陆续出现了餐馆经理被人殴打、有人在餐馆闹事、餐馆员工遭到殴打等事件，接着 3 名男子继续向宏源餐厅索要保护费又遭拒绝，然后就出现了餐馆门口被人纵火、餐馆玻璃被砸，最后餐馆经理与 3 名男子妥协，与其谈判并交了保护费。通过对这 3 名男子勒索保护费的具体过程，制图人员可以分析出其行为模式是：先索要保护费，遭拒绝后用各种手段进行威胁，再索保护费，如再遭拒绝后再进行威胁，如此循环，直至索要成功。因此，可以图 3－2－30 为基础制作出一张行为模式图，即图 3－2－31。

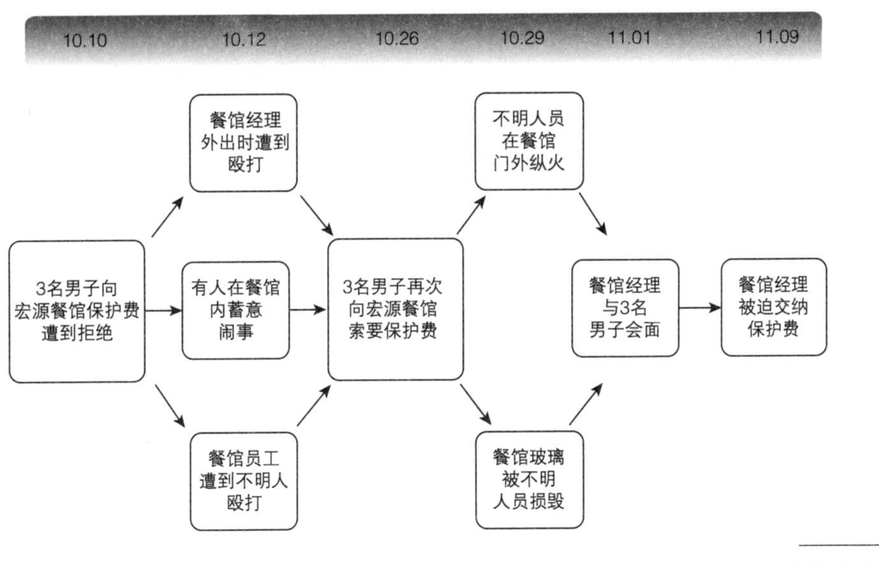

图 3－2－30

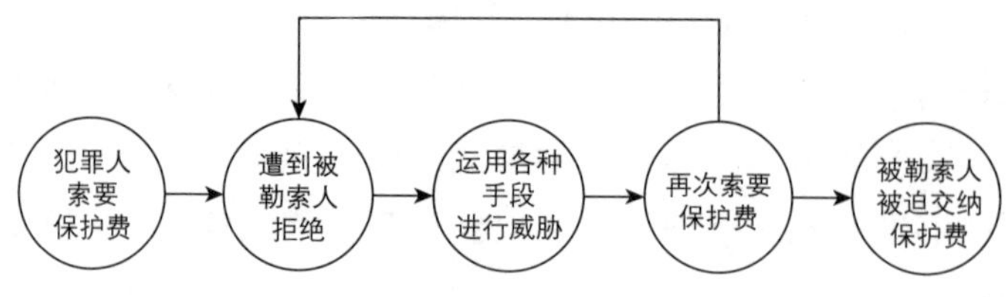

图 3－2－31

从图 3－2－31 中可以清晰地反映出该犯罪团伙对餐馆实施勒索的行为模式，这种行为模式是从该犯罪团伙对宏源餐馆进行勒索的事件图分析总结得出的。

行为模式图并不是情报分析的终点，犯罪情报分析人员只是利用行为模式图去说明已经发生犯罪事件和犯罪行为的模式（规律特点），从而帮助侦查人员进行深入的调查，为下一步侦查行动提供建议，并且预测将来的犯罪行为。

（四）行为模式图制作练习

1. 想象你要去盗窃，并要顺利逃离现场和逃避侦查，研究一下要完成这样的犯罪需要包括哪些行为，并用行为模式图进行表示。

2. 想象你要去抢劫，并要顺利逃离现场和逃避侦查，研究一下要完成这样的犯罪需要包括哪些行为，并用行为模式图进行表示。

3. 通过发生在同一城市的三起抢劫银行案件资料的研究，请制作一张犯罪行为模式图。

案件一：A 银行抢劫案（发案时间：1998 年 12 月 4 日）

（1）1998 年 12 月 4 日上午 11 时 35 分，在 A 银行发生了一起持枪抢劫案，抢劫发生时有 5 名银行职员和 3 名顾客在场。

（2）两名劫匪在运钞车到达 A 银行后不久进入银行，他们掏出手枪威胁银行职员和顾客后，命令银行职员将钱放入一个麻袋里面，劫匪劫走了 45500 元现金后逃跑。两名劫匪身高均在 1.70 米以上，头戴绿色帽子，其中一个穿着过臀的上衣，另一个穿着黑色上衣。

（3）劫匪骑一辆摩托车向着市中心东街方向逃跑，一名目击者声称在案发后5分钟曾看到两个人带着一个口袋，驾着摩托车快速驶向市中心方向。

（4）案发2小时后，一辆摩托车在某公路附近被发现，在摩托车边上还发现了一个麻袋，里面有两件齐臀的大衣，两顶军绿色的帽子，两副手套，两双尺寸分别为42、41码的耐克软底运动鞋，两把9毫米、8毫米口径的布朗宁自动手枪。经查，这两把枪被盗于1998年4月。

（5）1998年12月5日14时30分，一辆被盗的宝马车在市中心东街西边被发现，此车是在1998年11月20日被盗的。

案例二：B银行抢劫案（发案时间：1999年2月20日）

（1）1999年2月20日上午10时15分，有两名男子进入B银行，用手枪威胁所有银行职员将钱全部拿出来，劫匪命令银行职员将钱放进一个大麻袋里面，匪劫带着28000元现金逃跑了。据描述，劫匪身高大约1.75米和1.78米，都戴着帽子，穿着雨衣，并驾驶摩托车向通往市中心的小巷逃跑。

（2）1999年2月20日上午10时21分，一名群众在市中心看见两个穿着雨衣的人匆忙地向车库方向跑去，他们神色紧张，因此他对两人的特征记得比较清楚。一个人大约有1.75米高，白色皮肤，暗棕色头发，年龄接近40岁。另一个稍高，同样是白色皮肤，暗棕色头发，年龄不太清楚。

（3）一个妇女驾车行驶在城市附近的高速公路快到4M出口处时，在接近路口向西约1公里的地方看见一个人站在一辆开着车门的蓝色福特车旁边，他看起来是要换衣服，当时有人坐在驾驶室的座位上。通过后视镜她看到有东西从车窗被扔了出来，然后这辆车高速超过了她的车。警察在这个区域进行了搜索，搜索结果出人意料，他们发现了一个麻袋，里面有两个绿色的帽子、两副手套、两件雨衣和两双软底运动鞋。同样有两支被盗于1998年4月的布朗宁自动手枪。

（4）劫匪在逃跑时使用的摩托车被发现丢弃在离市中心不远的地方，经查是1999年1月5号被盗的。

（5）通过银行职员的描述，两名犯罪嫌疑人的体貌特征为，一名犯罪嫌疑人为金黄色头发，另一名为暗色的头发，他们曾在抢劫案发生前一周发现这两名男子坐在银行马路对面的一辆宝马车里，长时间观察银行的情况。案件发生后的第二天，有一辆宝马车被丢弃在城市边的高速公路5M出口附近，经查这辆车是1999年2月15日被盗的。

案例三：C银行抢劫案（发案时间：1999年4月16日）

（1）1999年4月16日上午10时50分，两名男子进入C银行并威胁3名银行职员和顾客，命令银行职员将所有现金装入他们带来的一个麻袋中，然后骑摩托车逃跑。两名劫匪都戴着绿色的帽子，穿长夹克和牛仔裤，并且都带着手枪。

（2）在他们逃跑时，恰逢一辆警车驶入银行所在的这条街道，劫匪看见后便沿着相反的方向逃跑了。

（3）有目击者看见两名劫匪驾驶着一辆本田摩托车逃跑，一天后，此摩托车被发现丢弃在离市中心不远的地点。经查，此摩托车是在1999年3月7日被盗的。

（4）目击者指出，犯罪嫌疑人中，有一名男子穿一件长的绿色夹克和牛仔裤，脚穿运动鞋，另一名穿长的黑色夹克和暗色的裤子。

第三节
犯罪情报分析的数字方法

一、 贝叶斯分析法

贝叶斯分析法是由英国皇家科学院数学家托马斯·贝叶斯于1763年提出的一种非常精确的定量归纳推理程式，它通过观察新的事件来推出假设成立的可能性，并不断地修正评估结果。贝叶斯分析法的基本原理认为：假设的可能性等于假设初始的可能性（先验概率）乘以基于这个假设而发生相关事件的可能性（客观概率），即P = RL。

（一）贝叶斯分析法适用范围

贝叶斯分析法一般被视为良好的定量分析辅助性工具，在情报分析和预警方面运用较多。经过反复使用，研究者也发现贝叶斯分析法在实践中的应用具有许多局限性，所以，只能在特定的情况中使用。综合研究者的论述，可以将贝叶斯分析法的适用范围总结为以下 4 点：

第一，所分析问题的结论，要能够用一种可选择确定答案的假设来描述，常用于预测某种情况发生的概率，而不是描述未来情况或者提供解释性的结论，如有些分析问题就不适合被简单分解为非此即彼的、互斥性、假设表述。

第二，需要被评估的假设，必须是相互排斥的。

第三，分析过程中要保证不断有新的信息输入，拥有足够数量的信息修正结论才能提升分析的准确性，指标性事件选取的恰当性与全面性，也会直接影响输入信息的质量。

所分析的问题应该是某种特定类型的活动，而不是一些偶然或者随机事件，如可以预测军事冲突、犯罪趋势等已经形成稳定样式的活动，而预测领导人是否会在一周后缺席一次谈判这样的孤立事件则是不合适的。

（二）贝叶斯分析法的优缺点

贝叶斯分析法作为一种分析工具，本身并无优劣之分，但是其在情报分析领域的应用，必然会受制于被分析问题的内容和形式，所以有必要认真理解其优点和缺点，以便把握使用时机和方式。

贝叶斯分析法的优点主要包括：首先，通过可衡量的概率描述和数理逻辑推导方程，整合假设的先验概率和每份证据资料的客观概率，改进了完全依赖主观判断进行分析所带来的模糊性和不可控性；其次，可以深度挖掘素材资料中蕴含的信息，每一份证据都可以按照既定规则体现它的分量，而且可以保证所有证据对评估结论的影响数值，都能够被累积计算到最终结果中；再次，设计了可重复的分析程序，分析人员一次只需要对单个证据信息进行评估，避免了顾此失彼的情况；最后，可以清晰地观察到评估结论发展变化的趋势，能够更好地提醒分析人员注意究竟是什么因素导致评估结果的指向和程度发生了变化。

贝叶斯分析法的缺点，主要包括：首先，适用范围有限，犯罪情报分析中很多问题不是非此即彼的。如果不易被定义为一组互相排斥的假设，就无法运用这种方法；其次，假设的先验概率和事件的客观概率，实际上都是经过分析人员的计算和判断后得出的，所以这些概率数据评估的准确性会极大影响最终结论的优劣；最后，需要大量可靠、客观的资料信息支撑分析过程，但是情报分析的时效性需求可能不允许完成对所有资料的收集、识别和提炼，而且反映相同信息的资料本身可能还会发生变化，这些因素都会影响分析的效率。

二、 SWOT 分析方法

SWOT 分析方法是一种高层战略分析方法，由美国旧金山大学的管理学教授海因茨·韦里克于 20 世纪 80 年代初提出。SWOT 分析方法的原理是在调查研究的基础上，根据自身的既定内在条件进行分析，找出研究对象的优势、劣势及核心竞争力之所在。

S、W、O、T 是高层管理者进行战略情报分析的 4 大分析和评估要素。S 代表 strength（优势），W 代表 weakness（弱势），O 代表 opportunity（机会），T 代表 threat（威胁），其中，S、W 是内部因素，O、T 是外部因素。SWOT 分析方法的战略目的是使研究对象尽可能地发挥优势，避免劣势，即将“能够做的”（组织的强项和弱项）和“可能做的”（环境的机会和威胁）进行有机组合。内部因素和外部因素的不同组合，即构成了不同的决策策略。这 4 个要素可以按照矩阵的要求与形式进行匹配与组合，其组合形式为 SO 策略、ST 策略、WO 策略、WT 策略。

（1）SWOT 分析方法的功能

根据 SWOT 分析方法构成的 4 个要素按照矩阵的要求进行匹配，可以得到 4 种分析策略。这 4 种分析策略是 SWOT 分析方法的核心。以下是这 4 种分析策略的功能。SO 策略的功能：该策略是将内部的优势因素与外部的机会因素相结合。充分发挥内部优势的同时利用外部机会因素，以达到强强联合，将两个因素的优势发挥到最大。ST 策略的功能：该策略将内部优势因素与外部威胁因素相结合。目的在于将内部优势因素的功能发挥到最大，同时尽可能地减小外部威胁因素带来的不利影响。WO 策略的功能：该策略将内部劣势因素与外部机会因素相结合。目的在于充分利用外部机会因素的优势，减弱内部劣势因素带来的影响。WT 策略的功能：该策略是内部劣势因素与外部威胁因素相结合的一种分析方法。应用该策略的目的在于既要克服内部的劣势因素，又要减弱外部威胁因素带来的影响。将两个劣势因素的影响减小到最低。

（2）SWOT 分析方法的优点

与其他的分析方法相比较，SWOT 分析从一开始就具有显著的结构化和系统性的特征。就结构化而言，首先，在形式上，SWOT 分析法表现为构造 SWOT 结构矩阵，并对矩阵的不同区域赋予了不同分析意义；其次，在内容上，SWOT 分析法的主要理论基础也强调从结构分析入手，对研究对象外部环境和内部资源进行分析。另外，早在 SWOT 诞生之前的 20 世纪 60 年代，就已经有人提出过 SWOT 分析中涉及的内部优势、弱点，外部机会、威胁这些变化因素，但只是孤立地对它们加以分析。SWOT 分析方法的重要贡献就在于用系统的思想将这些似乎独立的因素相互匹配起来进行综合分析，使得战略计划的制订更加科学全面。

目前，在犯罪情报分析领域，一些学者结合自身工作的特点将 SWOT 分析方法应用到反恐情报分析之中，结合自身实际特点，充分发挥自身优势因素与外部机会因素结合，将两个因素的优势发挥到最佳，同时尽量降低内部的劣势因素和克服外部的不利影响，形成有针对性的分析方案。该项分析方法移植到犯罪情报分析领域还处于起步阶段，还需要进一步关注和深入研究。

三、 知识图谱

（一）知识图谱概述

知识图谱是一种揭示知识领域随时间演化的动力机制的信息可视化方

法，其主要目的是探查并监测某个知识领域的发展。知识图谱具有直观、定量、高效和知识发现等诸多优点，将这一信息可视化利器引入犯罪情报研究之中，可以帮助情报研究人员以全新角度对海量信息开展分析，从中挖掘隐含的规律和不易觉察的事实，部分地克服传统情报研究易受分析人员主观判断影响、难以应对海量数据、不易挖掘深层次知识、情报人员主题领域专业知识欠缺和成果展示方式单一等缺陷，通过直观、形象的可视化方法展现研究领域的整体图景、结构特征与发展态势，探索研究领域最前沿问题，大大提高情报研究的客观性、可靠性和有效性，优化犯罪情报服务效果。

知识图谱的起源可追溯至科学计量学和文献计量学的诞生时期，20 世纪 90 年代，知识图谱逐渐兴起，2003 年，在美国国家科学院组织的一次 mapping knowledge domains 研讨会上提出了知识图谱的概念；2005 年，大连理工大学的刘则渊、陈悦等在国内率先将 mapping knowledge domains 翻译为"知识图谱"，之后，国内的知识图谱研究蓬勃发展起来。通常所研究的知识图谱被限定为旨在揭示科学发展态势的狭义知识图谱，即通过对大样本学术信息（如期刊论文、专利报告等）的分析来对科学知识的结构、关系与演化过程进行可视化。

（二）知识图谱构建方式

知识图谱是一种综合性的方法平台，涉及的学科范围非常广泛，其研究视角与研究范式呈多元化发展，如发源于引文分析的文献计量学范式、社会网络分析范式、科学社会学理论研究范式等。目前已知的知识图谱分析大部分都是采用基于文献计量学数据的科学图谱，因此知识图谱研究中最重要的研究范式是文献计量学范式。

知识图谱的构建方法主要涉及两个方面：文献计量学基本方法和信息可视化技术手段，这两类方法的组合应用决定了知识图谱的应用场景（热点、前沿、主题演化、合作关系等）。从文献计量学基本方法来说，文献共被引方法常被用于分析研究领域的知识基础、结构关系、研究前沿与主题演化，共词方法较常被用于分析研究热点及热点的演化、识别新兴研究领域，期刊共被引通常可用来获得研究领域或学科的全貌，帮助确定核心期刊，显示不同学科之间的知识结构、发展动态、分类及交流传播模式等；从信息可视化技术方法来说，多维尺度分析可用于探测学科主流，时间线分析可用于发现领域前沿，自组织方法可用于辅助知识管理，等等。王兰成教授认为，知识图谱的应用场景可归纳为对科学领域四类内容的揭示：研究框架、研究进展、研究主体和知识基础。

（1）研究框架——通过文献共被引、期刊共被引、学科分类号共现等来揭示学科群规律、宏观结构及发展演变，辅助科研政策和战略的制定；

（2）研究进展——通过关键词共现、文献共被引、作者共被引等来揭示主要研究领域、研究前沿、热点、发展趋势、主题演化等，主要用于对学科领域研究历史、现状及趋势的把握，推动科学研究；

（3）研究主体——通过作者合作网络、机构合作网络、国家合作网络等揭示出主流学术群体及其学术代表人物、主要研究机构、主要研究地区和国家及其合作交流情况，可用来发现科学共同体、进行科研评价、分析科学交流情况等，辅助科研管理；

（4）知识基础——通过知识图谱分析识别核心期刊、核心文献、高被引文献和经典文献等，可用来构建专题信息资源库。对于知识图谱在情报研究中的适用领域，可以知识图谱的应用场景为切入点进行分析，即根据应用场景的不同功能来判断知识图谱的适用领域。

（三）犯罪情报分析技术中的知识图谱①

1. 犯罪情报分析中知识图谱的作用

犯罪情报分析中所涉及的内容、流程、形式、方法、工具以及背景知识等均可借助知识地图进行可视化呈现，形成情报分析所需要的知识图谱。具体说来其作用主要表现在如下两方面：

一是对于情报分析人员而言，知识图谱是一种分析处理工具，它能够形象、清楚地展现知识间的关系，让情报分析知识更容易记忆、理解和吸收，

---

① 谢晓专：《犯罪情报结构化分析技术：原理、构成与知识图谱构建》，载《情报杂志》2013 年第 5 期。

它通过解决问题的方法、经验、知识、技能的结构化展示，便于知识的查找、理解、记忆和吸收，使情报分析员的思考和行动有章可循。

二是借助知识图谱，促进情报分析方法、技术与经验的总结提炼与分类，帮助情报分析人员与机构积累、管理情报分析相关知识，实现个人知识与经验的快速转移和重复利用，便于情报分析知识的推广、传播与运用，进而推动组织知识共享与管理战略的发展。

2. 犯罪情报结构化分析知识图谱的构建

根据结构化分析技术的构成要素，犯罪情报人员或情报机构应重点总结五类知识图谱：一是进行犯罪情报分析所需的背景知识图，通常涉及犯罪情报分析所需的理论、经验、假设等知识，这是结构化分析的依据；二是情报分析的内容框架图，它告诉分析人员要分析什么，从哪些维度进行分析；三是情报分析方法与工具导航图，它可视化地展示各类情报分析方法、模式与工具，并对各类分析技术的应用技巧与注意事项进行说明，形成可供培训推广的操作手册；四是情报分析流程图，用于指引分析人员有条不紊、按部就班地做好各个环节的分析工作；五是用于信息制图与情报陈述的知识结构图，为情报信息加工处理以及情报产品的描述提供标准化的格式与框架。

第四节 犯罪情报分析的应用技术

一、 数据挖掘技术

数据挖掘技术是指将暗含、隐藏在复杂庞大的数据信息中具有潜在价值的信息挖掘出来的一种应用技术。数据挖掘技术能为使用者提供蕴含重要价值的信息和知识，其获取的信息和知识能够被大量应用。数据挖掘技术涉及众多科学领域，涵盖了统计学的取样、估算以及假设论证的技术，人工智能、模式识别以及机器学习的搜索算法、建模技术等学习理论。数据挖掘还广泛而迅速地吸收了来源于别处的前沿科技，如信息论、信息检索、可视化等。部分其他领域也为数据挖掘提供了技术支持，尤其是数据库系统为之提供了有效、可靠、安全的索引、查询以及存储等处理支持。

（一）数据挖掘的概念

数据挖掘（datamining）是从大量的、不完全的、有噪声的、含糊的、随机性的数据中提取隐含其中的、事前不为人知的却又是有潜在用处的信息和知识的过程，其本质就是一种发现知识的应用技术。

通常来讲，数据挖掘就是指从大量的数据中“提取”或“挖掘”知识。如果要更深入地了解数据挖掘的概念，我们还需认识与之联系的“知识发现”这个概念。知识发现，此名词是 1989 年 8 月在美国底特律召开的第一届 KDD 国际学术会议上被正式提出来的。知识发现、数据挖掘两个名词开始被人们熟悉还是在 1995 年加拿大的第一届知识发现与数据挖掘国际学术会议召开以后。在 1996 年 KDD 国际学术会议上，KDD 被重新定义：KDD 是从数据库中识别出新颖的、有效的、具有潜在效用并最终可被理解的模式的不平凡过程。从数据中发现知识是知识发现的目的，而数据挖掘只是知识发现过程中的一个固定环节。

（二）数据挖掘的任务

一般来说，数据挖掘的任务按功能划分可分为两类：

1. 预测性任务

特定属性的值需要依据其他属性的值来预测。被预测的属性称为目标变量或因变量，而用来做预测的属性则称为说明变量或自变量。

2. 描述性任务

这是指是导出一种模式（相关、聚类、轨迹、趋势和异常）能归纳隐含在数据中的某些联系。实质上，描述性数据挖掘任务一般是探索性的，并且经常要用后处理技术去验证和解释结果。

具体数据挖掘一般有以下 6 类主要任务：

1. 分类

分类是最常见的数据挖掘任务之一，是指基于一个可预测属性把事例分成多个类别。每个事例包含一组属性，其中有一个可预测属性——类别属性。分类任务要求找到一个模型，该模型将类别属性定义为输入属性的函数。典型的分类算法有决策树算法、神经网络算法和贝叶斯算法。

2. 聚类

聚类也被称为细分，它基于一组属性对事例进行分组。在同一聚类中的事例或多或少有相同的属性值。聚类是一种无监督的数据挖掘任务，没有一个属性用于指导模型的构建过程，所有的输入属性都被平等对待。大多数聚类算法通过多次迭代来构建模型，当模型收敛的时候算法停止，也就是说细分的边界变得稳定时算法停止。

3. 关联分析

关联分析可以发现大量数据中项集之间有趣的关联或相关联系。关联可分为简单关联、时序关联和因果关联。关联分析的目的是找出数据库中隐藏的关联网，常用的关联算法是 Apriori 算法。

4. 回归

回归任务类似于分类任务，最大的区别是在回归任务中可预测属性是连续的。回归分析常用的方法有线性回归和逻辑回归，其他的回归分析技术包括回归树和神经网络。

5. 预测

预测是一种重要的数据挖掘任务。预测技术使用的数据集为时间序列数据集。预测技术能处理一般的趋势分析、周期性分析和噪声过滤。最常用的时间序列分析技术是 ARIMA 模型。

6. 偏差分析

偏差分析是找出一些特殊的事例，这些事例的行为与其他事例有明显的不同。偏差分析也称为孤立点检测，它用来检测与前面观察的行为有重大改变的行为。

(三) 数据挖掘技术主要的应用方法

(1) 关联规则挖掘方法

关联规则挖掘方法在数据挖掘技术中是应用最为广泛的，它的主要目标是发掘数据与数据之间的某种关联。关联就是两个或者多个变量之间的取值有着某种规律性的知识。关联规则挖掘重要的步骤就是挖掘出数据之间存在的关联网，并保证其带有一定的可信度。

(2) 决策树方法

决策树方法主要用于分类挖掘。决策树方法就是要生成一棵决策树，对其进行剪枝，剪枝处理后转变成规则。而决策树的形成是把训练集利用生成测试函数，根据取值的不同生成树的分支，在逐个分支子集中不断建立下一层的分支和结点。

(3) 聚类分析

聚类分析是数据挖掘最重要的技术之一。它是为了从不同的事物当中发掘规律和典型模式而依据事物的特征进行的分类或聚类。近年来，模糊聚类方法和神经网络聚类方法在传统的多元统计分析的聚类方法基础上也取得了长足的进步。

(4) 粗糙集方法

1982 年波兰教授 PawlakZ 提出了粗糙集理论，它能快速地分析各种不完全的信息，是描绘不确定和不完整的一种数学工具，也是一种能智能作出决策的分析工具。该方法在不完全、不确定、不精确的信息分类和知识掘取方面的应用很普及。

(5) 神经网络的挖掘

此项技术是模仿真实生物神经系统的结构和功能而建立的，其主要应用于分类、优化设计、控制和预测等方面。

(6) 模糊逻辑

模糊数学指的是对知识之间的模糊程度进行的研究。模糊逻辑在数据挖掘处理方面主要是对信息的模糊性进行综合判断和聚类分析。

（7）可视化挖掘技术

可视化挖掘技术包括：①数据的可视化；②数据挖掘过程中的可视化；③数据挖掘结果的可视化。可视化挖掘技术是使用一些比较直观的表现方法帮助人们理解数据被挖掘后所产生的规则。

（8）最近邻技术

最近邻技术就是通过 n 个与新纪录最邻近的历史记录的组合来完成对新纪录的辨别其主要用于聚类分析、偏差分析等数据挖掘任务。

（四）数据挖掘技术在犯罪情报分析中的应用现状

数据挖掘技术可以从海量信息中发现隐含的知识和规律，能够弥补人类在大量信息处理方面的不足。确切地说，数据挖掘是一种决策支持过程，主要基于数据库、人工智能、机器学习等技术，从海量的信息中挖掘出潜在知识，帮助决策者作出正确决策。它已经在如投资、市场预测、银行、通信、制造业等领域运用得非常成功，也为企业创造了巨大的经济效益。就如欧洲的 GFK 和 In. fratest Burk、美国的 A. C. Nielson 和 Information Resources 这些有名的市场研究公司也开始使用数据挖掘工具来对增长迅速的销售和市场信息的数据进行分析，并取得了巨大的收益。再如，英国广播公司（BBC）为了更好地安排电视节目播出时间表，提高收视率，也利用数据挖掘技术预测收视率。AT&T 公司应用数据挖掘技术可以很快发现正在使用的国际电话中的不正常行为，从而有效地侦查国际电话欺诈活动。

公安情报分析与预测也是一个决策的过程，因此数据挖掘技术在公安情报分析中有着巨大的应用需求。同时，侦查人员在办案过程中积累的大量的情报信息和公安情报系统已存有丰富的业务信息资源，为数据挖掘的成功应用提供了坚实的基础。因此在侦查办案过程中，公安机关经常应用数据挖掘技术总结归纳出各种案件类型的共同点和发生的规律性。微观上，可以描述出犯罪嫌疑人的特征，锁定其所处的范围和地点，为侦查破案、抓捕罪犯提供明确方向；宏观上，为制定怎样的社会治安综合治理方案和采取哪些最有效的工作措施提供了决策指引。

二、 犯罪空间分析技术

犯罪空间分析技术是依托空间地理信息系统，结合统计学、犯罪学、制图学等理论，以地图的形式对警方显示犯罪数据和信息的综合应用技术，是一种有效的情报分析工具，主要应用于宏观犯罪情报分析和微观犯罪情报分析，以有效地打击、预防和控制犯罪活动。通常在我国的犯罪空间分析技术应用中，警用地理信息系统是基础平台，犯罪制图技术是应用工具，两者的有效结合是实现情报导警的重点。其中，犯罪制图技术的本质是基于犯罪空间论的情报分析技术，是犯罪情报分析的重要手段。

（一）犯罪空间分析技术的理论基础

20 世纪 80 年代金·罗斯莫博士将动物觅食行为的理论应用到犯罪学研究领域，从而提出了一种新的理论。罗斯莫认为，系列犯罪案件作案人的行为与动物类似，既然有经验的猎人能够预测动物的行为，那么系列犯罪案件作案人的行为也一样能够被犯罪情报分析人员所预测。首先，系列案件犯罪人倾向在其熟悉的地区实施犯罪；其次，犯罪人喜欢在一个不被人认识的地区犯罪（犯罪匿名化），以减少其被人识别的恐惧；因而，系列犯罪作案人会在其住处附近设置一个缓冲区（犯罪人不会在其缓冲区内实施犯罪）并且案发地和居住地会保持一定距离。罗斯莫还发现，犯罪人要想犯罪还必须在其心理地图区域内的某些点上找到其被害人或侵害目标。因而，罗斯莫运用数学方法对大量已经破获的系列犯罪案件的资料和数据进行了研究，并发明了一个数学公式来解释系列犯罪人与被害人之间的空间犯罪发生概率，得出了一个预测系列犯罪案件作案人住宅或其他固定落脚点可能位置的方法，这种方法又被称为犯罪地理成像技术。这些理论都丰富了犯罪空间分析的理论内容，并奠定了后来犯罪空间分析技术的理论基础。

犯罪空间分析技术主要应用范围是系列案件或一案中涉及多个现场的案件，如一起抢劫案可能包含抢劫实施的现场、赃物抛售地点、犯罪嫌疑人逃匿的路线，甚至还包括犯罪嫌疑人接触到被害人的场所等，可运用空间分析对诸多地点进行序列分析，运用犯罪心理学、行为学等普遍规律来解决犯罪活动中的行为迁移，从而找到这些空间地点之间的必然联系，为侦查人员提供重点侦查区域及犯罪嫌疑人可能藏匿、逃匿的地点。当前，我国犯罪空间分析技术主要基于 GIS 系统即地理信息系统（Geographic Information System）应用在以下几个方面。

1. 犯罪信息管理和专题制图

犯罪信息管理和专题制图，即通过地理信息系统，将不同类型的犯罪信息在电子地图上，分不同的图层进行定位和管理。分析人员通过灵活地选定某个时间段，或某个特定的区域范围，或某一类型的犯罪信息，或符合一定特定特征准则的案事件，进行查询分析；或统计犯罪发生的规律性，或将多类型的犯罪信息进行叠置分析，最后分析所得到的结果，可以制成相应的犯罪信息专题地图，取代了传统的犯罪信息分布地图挂图，这是警务地理信息应用中最根本也是最灵活的分析应用之一。

2. 犯罪热点分析

犯罪空间分析技术员用来了解、分析和确定“在哪些地方犯罪现象高度集中”，哪里是犯罪的热点，根据犯罪信息点的分布方式，计算出高发案地区。目前许多部门使用的是 STAC2 或基于网格的点密度计算法。一旦确定该区域就可定为近期巡逻活动的重点目标，加之可以对该处热点地区范围内社区的特征进行研究，找出其为什么成为犯罪热点的原因，并采取相应的对策进行干预。

3. 周边形势分析

在案件分析工作中常常需要了解案发现场或相关地区的周边信息，这可以通过 GIS 基于缓冲区分析功能来实现。缓冲区是指围绕某个空间对象（如学校、十字路口或作案现场）所建立的，对调查、研究与分析有重要意义的一个区域，基于缓冲区的周边形势分析，是一个被证明在警务工作中有着非常重要应用价值的 GIS 功能。

4. 报警电话制图分析

报警电话通常意味着有受害人需要向警察寻求帮助和保护，通过使用点状符号或用分区形式，他们可以被制成报警电话分布专题图，这不仅有助于巡警知道案发现场的大致位置，对于更详细的报警信息的地图来说，还有助于警务指挥人员的调配资源。

5. 辅助指挥调度与决策

对于警务指挥决策人员来说，不仅应关心犯罪问题本身，同时必须能够处理那些涉及资源调配执法影响以及社会公共关系处理等多方面的棘手问题，因此也常常面临需要使用犯罪空间分析技术这一高科技的手段来管理的工作，以辅助其迅速对所发生的问题作出判断，分析预测趋势，并进行科学合理的指挥决策。GIS 在指挥调度与决策方面的一个成功的应用是纽约警方开发的 Compstat 程序。Compstat 的意思是计算机统计，不仅仅是一个简单的计算机犯罪制图，也被用来实时分析，可以根据报警电话制度分析、犯罪分布分析统计、热点分析等 GIS 空间分析的结果来确定巡逻路线、班次，并为不同班次配备不同的警力资源。

6. 辅助案件侦破

犯罪空间分析技术也是案件侦破的一个重要辅助性工具，采用 GIS 来支持侦查破案主要集中应用于犯罪嫌疑人的确定和犯罪形式的分析。GIS 在受害者与犯罪者是陌生的，案件中可以起到重要的辅助作用，这种类型案件通常会让我们陷入困境，因为关于案件可能只有极少的线索可供利用，然而，通过将案发位置记录，作案者一天犯罪信息的数据库关联起来，就可以生成一个含有可能犯罪嫌疑人的名单，可用数据库来确定潜在的犯罪嫌疑人。包括具有犯罪前科的人，可疑的犯罪嫌疑人等。侦查员可以利用任何已知的描述性因素定义，围绕案发现场的一定范围区域来进一步缩小其调查范围，筛选出的最后名单，可以成为侦查员开展侦破工作的起点。GIS 还可用来确定连续发生的系列案件在空间上一次发生的顺序，以及案发地点在空间上的分布规律，这种方法特别适用于相同特征的，即同类型、连续发生的案件。

三、 基于统计学的分析技术

常用的统计分析方法有大量观察法、问卷调查法、抽样推断、相关分析与回归分析、方差分析、因子分析与聚类分析、时间序列分析法等。统计分析方法目前在犯罪情报分析中运用在对数据的搜集和处理的各个环节，指导着数据搜集和处理工作的进行，而数据的搜集整理和分析正是竞争情报学研究的核心内容，可以说统计分析方法贯穿于情报研究的整个过程，是情报研究的主要工具。

（一）统计分析的基础方法

1. 大量观察法

大量观察法是统计分析的基础方法。构成社会经济现象总体的各个统计单位由于各种因素的影响，彼此之间存在差异。只有在大量观察的基础上，综合各单位的统计数据和各个调查单位表现出来的偶然数值差异，才能互相抵消，也只有在大量观察基础上形成的总体平均数，才能显示总体的一般水平和发展变化规律，而少数资料或短时间的数值差异变化，是难以得到正确的分析结论的。有价值的犯罪情报成果的取得是以大量数据为基础，在此基础上进行分析和提取有价值的信息。作为统计学中最基本的方法之一，大量观察法是情报研究中最基础的方法，所谓“没有调查就没有发言权”，也可以说没有大量的基础数据就没有竞争情报。在当前大数据的环境下竞争情报数据的来源完全可以做到可靠有保障，数据量也可以保证，在此基础上使用比较分析与综合推理等统计学中的逻辑分析方法，就能够达到获取有价值的竞争情报的目的。

2. 回归分析法

回归分析法是在掌握大量观察数据的基础上，利用数理统计方法建立因变量与自变量之间的回归关系函数表达式（又称回归方程）。犯罪主体和客体之间的相关关系往往难以用确定性的函数关系来描述，它们大多是随机性的，要通过统计观察才能找出其中规律。回归分析是利用统计学原理描述随机变量间相关关系的一种重要方法。在犯罪情报的分析中，其对象和影响因素通常涉及很多变量，而这些变量之间往往又存在各种各样的相关关系，采用回归分析法可以建立变量之间相关关系的函数表达式（回归方程），而且通过计算对所建立的经验公式的有效性进行分析，使之能有效地用于预测和控制犯罪，从而实现犯罪情报工作要达到的目标。

3. 时间序列分析法

时间序列分析（Time Series Analysis）是一种动态数据处理的统计方法，该方法是基于随机过程理论和数理统计学方法，研究随机数据序列所遵从的统计规律，从而用于解决实际问题。情报分析的对象往往是一个在长期的过程中不断演变发展的主体，因此需要综合考察一定时期内多个方面的因素。时间序列分析法正是通过对历史数据变化情况的分析，来评价事物的现状和估计事物未来变化趋势的方法。这种方法在科学决策、动态监测和犯罪预测中的许多场合有着很广泛的应用，从而为制定预防犯罪对策、制定战略提供可靠有力的情报信息。

此外，常用的统计数据分析方法还有方差分析、因子分析与聚类分析等此处不再赘述。

（二）在犯罪情报分析中常用统计分析软件

1. Excel 的统计分析软件

Microsoft Excel 是微软公司的办公软件 Microsoft office 的组件之一，是由 Microsoft 为 Windows 和 Apple Macintosh 操作系统的电脑而编写和运行的一款试算表软件。Excel 是微软办公套装软件的一个重要组成部分，它可以进行各种数据的处理、统计分析和辅助决策操作，广泛地应用于管理、统计财经、金融等众多领域。

在犯罪情报分析中 Excel 主要应用在以下两个方面：

一是在描述统计的应用。描述统计是指分析人员通过图表或数学方法，对数据资料进行整理、分析，计算相对数、平均数、方差等，对数据的分布状态、数字特征和随机变量之间的关系进行评估和描述的方法。例如，在对发案率的统计中，可以用图表形式将数据更加直观、清晰地展现出来。

二是在推断统计中的应用。分析人员主要阐述凭样本资料并可在一定概率保证程度下推断总体数量的技术和方法。由于推断统计可以利用样本资料来代替总体资料，在观察资料的基础上进一步分析、研究和推断，以推断统计的内容，包括概率和概率分布、抽样远离、统计推断、非统计参数、相关分析和回归分析、时间序列分析的预测、统计决策等。

2. SPSS统计分析软件

SPSS（Statistical Product and Service Solutions），“统计产品与服务解决方案”软件。最初软件全称为“社会科学统计软件包”（Solution Statistical Package for the Social Sciences），但是随着SPSS产品服务领域的扩大和服务深度的增加，SPSS公司已于2000年正式将英文全称更改为“统计产品与服务解决方案”。SPSS是IBM公司推出的一系列用于统计学分析运算、数据挖掘、预测分析和决策支持任务的软件产品及相关服务的总称。

SPSS是世界上最早采用图形菜单驱动界面的统计软件，它最突出的特点就是操作界面极为友好，输出结果美观漂亮。它将几乎所有的功能都以统一、规范的界面展现出来，使用Windows的窗口方式展示各种管理和分析数据方法的功能，对话框展示出各种功能选择项。SPSS采用类似Excel表格的方式输入与管理数据，数据接口较为通用，能方便地从其他数据库中读入数据。其统计过程包括了常用的、较为成熟的统计过程。

SPSS的基本功能包括数据管理、统计分析、图表分析、输出管理等。SPSS统计分析过程包括描述性统计、均值比较、一般线性模型、相关分析、回归分析、对数线性模型、聚类分析、数据简化、生存分析、时间序列分析、多重响应等几大类，每类中又包含多个统计过程，如回归分析中又分线性回归分析、曲线估计、Logistic回归、Probit回归、加权估计、两阶段最小二乘法、非线性回归等多个统计过程，而且每个过程中又允许用户选择不同的方法及参数。SPSS也有专门的绘图系统，可以根据数据绘制各种图形。在犯罪情报分析中SPSS主要应用在聚类分析、方差分析、回归分析、趋势预测等方面。

四、可视化呈现技术

情报分析中的可视化呈现技术是可视化技术在非空间数据领域的应用，是将数据信息转化为视觉形式的过程，可以增强数据呈现效果，让犯罪情报分析人员以直观交互的方式实现对数据的观察和浏览，从而更易于发现数据中隐藏的特征、关系和模式。①

(一) 可视化呈现技术的发展

自可视化技术的概念被提出以来，对于信息的可视化研究经历了科学计算可视化、数据可视化、信息可视化、知识可视化 4 个阶段。

科学计算可视化阶段：是指运用计算机图形学技术、图像处理技术等，将采集获得的信息转换为所需的图像内容。典型的科学计算可视化方式将大量枯燥的数据以图形、图像这种直观的方式显示出来，从而帮助人们更好地理解和分析这些数据。科学计算可视化正成为科学发现和工程管理以及科学决策强有力的工具。

数据可视化阶段：在科学计算可视化的基础上，将信息转换成图形、图像进行数据挖掘和信息交互处理，发现信息中隐含的信息，为达成目标提供所需信息。数据可视化的基本思想是将信息源主体的各个属性值表达为多维图元（点、矩形条、扇形等），进行信息深入观察和分析。目前除犯罪情报分析工作外，数据可视化还被广泛应用于自然科学、医学、工程技术、生物分子学等社会各个领域中。

信息可视化阶段：该阶段面对的信息条件更为复杂，面向管理活动中没有几何属性和明显空间特征的抽象信息，将其映射为空间的可视化形式加以观察、分析。信息可视化要从大量抽象数据中发现有用信息，创造性地反映信息，把隐藏在可视化对象深处和彼此之间的信息进行深层次挖掘。依赖于数据挖掘技术的发展，它已不局限于管理信息的可视化表达和分析，更成为管理活动中知识发现和价值创造的必要过程。

知识可视化阶段：该阶段的研究对象是包括数据、文献、信息等所有能够直接利用以针对性地解决问题的知识形式。知识可视化的实质是将知识以可视化方式表示出来，形成能够直接作用于人的感官的知识的外在表现形式，从而促进知识的传播和创新。作为最新可视化管理研究领域，知识可视

---

① 朱明：《可视化及其在情报分析中的应用》，载《佳木斯教育学院学报》2012 年第 6 期。

化仍处于初期探索阶段。

（二）可视化技术在情报分析领域的应用

在犯罪情报分析领域可视化分析按照其不同的用途可能有不同的分类。从针对犯罪情报信息的可视化而言，按照信息的不同形式，目前主要有数据可视化、空间信息可视化、案例可视化分析等的分类。

1. 数据可视化

数据可视化借助有关工具和技术，数据可视化帮助用户对其需要应用的数据创建成二维或三维的图形，使用户易于解释业务数据，从而提升知识和洞察力。对数据可视化而言，用户自身可作为数据挖掘或者模式识别的引擎，通过直观的数据可视化进行二维或者三维的观察和交互。用户能够识别出业务数据集中有价值的、隐含的、或许以前未知的和潜在有用的信息或模式。数据可视化一般和数学挖掘、建模相联系，进而为预测和决策服务。

2. 空间信息可视化

空间信息可视化是一门基于科学计算可视化、地图学、GIS 和人类认知科学等，为识别、解释、表现和传输目的而直观表示空间环境信息的工具、技术和方法的学科。它的研究内容包括了空间客体信息的创建、组织、理解及表示的计算、认知和图形设计等几个主要部分，其结果可以被符号化、图形化、形象化，而且区别于那些文字和公式化的表述。空间信息可视化产品的产品类型通常包括纸质地图、电子地图、多媒体地图、三维仿真地图、四维时空地图和交互式的可视化界面等。

3. 案例分析可视化

案例分析可视化也应用于各行各业，在公安情报分析领域，一般称作案情分析可视化。在对案件信息进行逻辑归纳分析后，将案件中人、财、物、时间、空间等信息的联系以可视化的形式展示出来。其产品形式主要表现为图形化，特点是直接、直观地表达案情信息。

（三）犯罪情报分析中可视化应用的主要方式

在犯罪情报分析中，可视化应用主要结合社会网络分析等技术。社会网络是由许多节点构成的一种社会关系，把从偶然相识的泛泛之交到紧密结合的各种关系的人们或组织串联起来。通过可视化分析，可以更为直观地收集、调查、取证、展示复杂的信息和关系并提供强大的解决方案。可视化工具的最大功效就是可以协助侦查人员分析大量纵横交错的数据，能够剖析复杂的关系并快速发现潜在的联系。常见的可视化工具 I 2 Analyst's Notebook 是一款旨在辅助情报分析人员的图形可视化软件，由 IBM I 2 公司提供的强大应用程序，通过便捷的图形化展示和分析功能，将情报分析从繁杂的手工分析中解放出来，并基于案件数据快速找到信息之中的关联关系，使情报分析人员专注于特定业务层面上，为快速识别相关信息提供基础，为案件打击和预防犯罪提供快速支援。

第四章 犯罪情报分析的工作流程与模式

第一节

犯罪情报分析的基本工作流程

犯罪情报分析是犯罪情报工作中的一个核心环节，犯罪情报分析的主体不仅包括情报机构中专业的犯罪情报分析人员，也包括公安机关中各个警种的民警。在目前我国犯罪情报信息工作正处于跨越式发展的宏观背景下，公安机关各业务部门都将情报工作的完善作为其业务工作突破的一条有效路径，因此，无论是从事何种业务的民警都应当树立强烈的情报意识，主动收集情报信息，科学准确地分析情报信息，以适应公安工作发展的总体目标。

随着公安业务工作专业化的发展，情报分析工作必然也会逐步走向专业化的道路，许多涉及重要决策的犯罪情报分析工作必须由专业人员完成。当前全国各地公安机关的犯罪情报信息工作发展还不够平衡，有一些区县公安机关还没有设立专业的情报机构和专职的情报分析人员，情报分析工作水平还有待提高，情报分析与实战需求还有较大的差距。规范的犯罪情报分析工作流程是建立在完善的情报机构设置和专业的情报分析人员配备的基础上的，以下介绍的犯罪情报分析工作的流程是专指犯罪情报分析部门专业的工作流程，包括确定分析目标、收集相关信息、信息的评估、信息的整理、信息的分析、结果的传递。其工作流程图见图4－1－1，本节主要对犯罪情报分析工作流程中的每个环节分别进行较为详细的阐述。

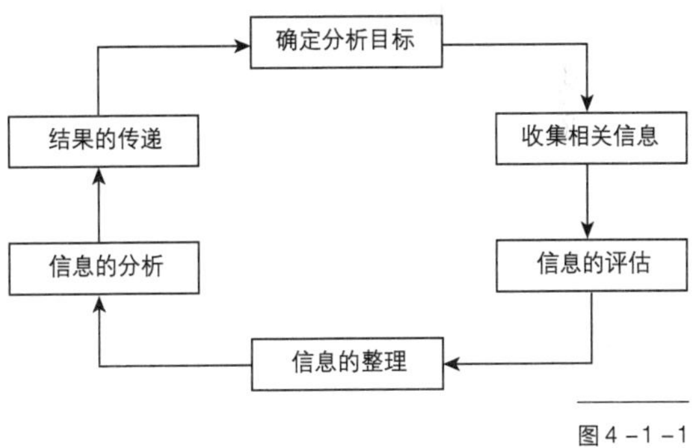

图4－1－1

一、 确定分析目标

犯罪情报分析需要以有效的信息为基础，利用相关的分析技术和方法，得出有价值的结论。通常是情报部门在收到分析请求或指令后，开始启动相关情报分析工作，因此，犯罪情报分析的起点是确定分析的目标和方向。在实践中，一般分析目标的确定有两种途径：一是上级指挥官或决策者下达的指令，这类分析往往涉及一些比较宏观的分析，如对某一时间段辖区犯罪情况的分析、对某一类案件特点的分析等；二是侦查办案人员向情报分析部门发出支援的请求，这类分析往往属于一些具体的战术性分析，如对某个有组织犯罪案件中犯罪组织内部人员结构的分析、对某毒品案件中贩毒路线的分析等。当然，侦查部门就某些个案向情报部门提出支援请求时，只提供给情报部门一些与案件相关的线索和大概的分析目标。此时，犯罪情报分析部门就需要为侦查人员选择分析的具体目标，也就是分析的切入点，如在众多的案件线索中，选择毒品资金的流向为分析目标，借以搞清贩毒团伙的整体犯罪行为。

确定分析目标是犯罪情报分析工作的基础，只有确定了具体的分析目标，情报分析人员及侦查人员才会明确下一步去收集什么信息，围绕哪些犯罪嫌疑人进行重点调查。可见，分析目标的确定既是犯罪情报分析工作的起点也是全部工作的重要基础，它将影响犯罪情报分析人员和侦查人员下一步信息收集工作的方向和效率。

二、 收集相关信息

在确定了分析目标以后，情报分析人员应围绕分析目标，通过各种渠道进行相关信息的收集。情报分析人员在收集相关信息时，可以充分利用公安机关信息系统内的相关信息资料（人口资料、犯罪前科劣迹资料、案件资料、交管信息等）进行定向检索和收集，也可以在政府相关部门和金融商业单位、互联网企业等行业数据中进行寻找和收集。为了全面掌握有关动态信息，也可以根据需要由侦查人员通过公开、秘密的方式进行收集，如对嫌疑对象的监控情况、嫌疑对象的电信数据信息、嫌疑对象的资金账户中资金动向信息、对犯罪嫌疑人的审讯结果等。

在刑事案件的侦查工作中，大量动态的信息还应当依靠一些秘密的侦查手段来获取，而一般性的静态信息则完全可以通过公安的数据库系统进行查询获取。对于侦查人员收集到的动态信息，必须通过填写统一格式的情报信息表格将其转化成文字格式，并及时报给情报分析部门录入相关的数据库中，以便犯罪情报分析人员及时地进行信息的评估，为以后的分析工作奠定基础。公安情报收集的主要内容包括以下几个方面：

1. 人物对象情报

人物对象情报是指纳入公安机关情报收集目标的人物对象，也就是能为公安机关提供情报或具有情报价值的任务对象，包括为公安机关提供情报的情报员和具有情报价值的公安工作对象。

2. 人物特征情报

人物特征情报可以反映人物对象多方面的特征，为侦查机关认定犯罪嫌疑人、实施串并案侦查、预防犯罪提供情报。

3. 人际网络情报

人际网络是为达到特定目的，人与人之间进行信息交流和资源利用而形成的一种关系网，是一个由某些个体或组织组成的系统。人际网络情报是非常重要的公安情报资源，几何网络的拓展结构，将会为犯罪案件的侦破带来重要线索。

4. 样品情报

在日常警务活动中，经常会涉及各类物品。获取相关物品的情报，对于侦查破案、打击犯罪、维护社会治安稳定具有十分重要的意义。对于常见的犯罪物品，如枪支弹药、毒品、爆炸物品等公安机关已经建立相应的样品库。利用这些信息可以发现证据，确定侦查范围，识别犯罪嫌疑人。

5. 痕迹情报

发现、提取、利用现场各类痕迹，在刑事案件的侦破中可以发挥重要作用。常见的痕迹可分为人体痕迹和器械痕迹两大类，在收集犯罪情报信息时要注意保护现场的同时，提取相关痕迹情报信息。

6. 电子证据情报

计算机、网络以及现代通信工具的普及，为犯罪嫌疑人提供了新的犯罪空间和技术手段。在这些违法犯罪活动中，计算机、网络以及手机等通信工具成为打击违法犯罪重要的证据来源。这种新型的证据即电子证据已经成为当前情报信息中最重要的内容之一。

7. 文献情报

公安机关在维护社会稳定、打击犯罪行为中必然产生有关的人员、案件、物品、机构、证据、线索等相关的信息资料，这些信息资料按照统一规格加以集中分类、整理、存储和检索，就形成了比较系统的、综合的业务资料情报。公安业务资料情报可为公安机关提供跨地区、跨部门的综合业务查询，开展跨部门、跨系统的数据分析挖掘。

8. 互联网数据

随着信息化进程的加快和互联网在日常生活中的渗透，互联网尤其是移动互联网所产生的数据已经成为犯罪情报分析的一个重要的数据源。

三、 犯罪信息评估

1. “4×4”的信息评估系统

汇总到情报分析部门的信息需要经过严格的筛选，即对所有的信息进行评估，对犯罪信息评估标准大致包括两个方面：一是对信息来源的评估，即考察其来源是否可靠；二是对信息内容的评估，即考察其内容的有效性。信息的评估在情报分析中是非常重要的一个工作环节，是犯罪情报分析的基础。不准确的信息，将会导致分析结论的错误。

标准化的犯罪信息评估体系对于确保信息评估的科学性和客观性是非常重要的，犯罪情报信息工作较为发达的欧美国家目前大多采用的是被称为“4×4”的信息评估系统。该评估系统经过长期的实践工作的考验，不断地进行修正，在犯罪情报分析工作中发挥了巨大的作用，在我国犯罪情报分析工作发展初期曾有较大借鉴价值。

犯罪信息的评估流程一般是先通过对信息来源的审核，考察信息来源的可靠性，在对来源进行评估分级后，再对信息内容本身的真实有效性进行评估，即通过考察信息获取的途径和方式，评估信息的内容是否真实可信。图4－1－2为犯罪信息的评估流程图，从图中可见犯罪信息的评估首先是对来源可靠性的评估，然后才是对信息有效性的评估。

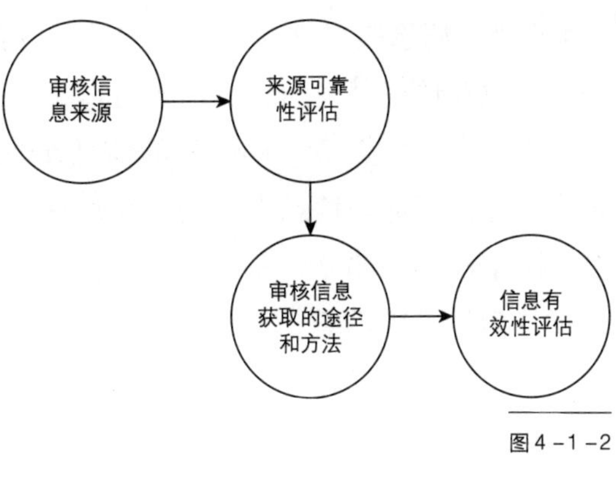

图4－1－2

（1）信息来源的可靠性评估标准

根据欧美国家通用的标准，一般将信息来源可靠性的评估指标分为4级，即A级、B级、C级、D（或X）级。每一级标准的具体设置如下。

A级：信息来源非常可信，即信息源所提供的信息一直是正确的，从未出现过错误。

B级：信息来源比较可信，即信息源所提供的信息大部分时候是正确，很少出现错误。

C级：信息来源比较不可信，即信息源所提供的信息大部分时候是不正确，有时也提供一些正确的信息。

D级（或X级）：信息来源不可信，即第一次使用的信息源，无法判断信息的真实性。

（2）信息的真实有效性评估标准

根据欧美国家通用的标准，一般将信息内容的真实性的评估标准也分为4级，即1级、2级、3级、4级。每一级标准的具体设置如下。

1级：信息是警方人员直接（亲眼所见）感知，没有经过任何传递，这类信息一般可以认为是完全可信的信息。

2级：信息提供者不是警方人员，但是信息提供者自己直接感知的。

3级：信息提供者不是警方人员，该信息也不是信息提供者亲自直接感知，但有其他信息能对其进行印证。

4 级：信息提供者不是警方人员，信息也不是信息提供者亲自直接感知，也没有任何其他信息可以进行印证，无法进行判断。

表 4－1－1 是将“4×4”的信息评估系统以表格的形式加以表示。在该表中，横向指标是信息来源的可靠性标准，纵向指标是信息真实有效性的标准。图中深色的部分（A1、B1、A2、B2 所在区域）所包括的 4 类信息一般都被认为是可用信息，而对于浅色部分所包括的信息在运用时必须非常谨慎，而属于 D1、D2、D3、D4 和 A4、B4、C4、D4 的信息一般不能在犯罪情报分析中使用。

表 4－1－1

信息来源的 可靠性标准　→		非常 可信	比较 可信	较不 可信	不可信
信息的真实性标准	↓	A	B	C	D
为警方人员亲自 直接获取的信息	1	A1	B1	C1	D1
是亲眼所见而 非其他途径获取	2	A2	B2	C2	D2
非亲眼所见而 被已有信息证实	3	A3	B3	C3	D3
非亲眼所见且无法 被已有消息证实	4	A4	B4	C4	D4

2. 信息评估相关练习

练习目的：

理解和掌握“4×4”信息评估系统的具体标准，并能在实际工作中加以运用。

练习说明：

下面会给出一系列的情报信息，请认真阅读每条信息，并利用“4×4”信息评价系统的代码分别对信息来源的可靠性和信息的真实性进行评价，在信息后的括号内写出评价代码。

练习内容：

（1）请对该条信息来源的可靠性进行评估

该信息的提供者是一名吸毒人员，他以前一直向警方提供可靠的信息，信息的内容是近来在某市的山水公寓 B 座 508 室有人在出售大量的摇头丸。（　　）

（2）请对以下 3 条信息的真实性进行评估

信息的提供者向警方保证说他亲眼见到了在某市的金色年代公寓 A 座的地下室见到了大量的毒品，但侦查人员对于该情况没有亲自去证实。（　　）

有人告诉信息提供者在这个毒品零售点将有新的毒品到货，其他情报也从侧面支持这个消息。（　　）

信息提供者听说在某市的山水公寓 B 座 508 室正在出售毒品，但没有亲眼见到毒品，其他渠道的信息也没有对此信息有相关的支持。（　　）

（3）请对以下信息来源的可靠性进行评估

侦查员与物建中的秘密探查人员马兵见面，马兵还没有经过相应的考验，其对公安机关工作的动机还不太清楚。马兵在与侦查员的交谈中提到一个名叫王建东的人，此人与某市“东突组织”有联系，马兵说，王建东想为侦查员提供一些某市“东突组织”的情况。（　　）

（4）请继续对以下几条信息的真实性进行评估

马兵告诉侦查员他与王建东一起将参加恐怖组织的一次会议，并且知道了会议的大概内容，但说不清楚这次会议的地点。（　　）

马兵告诉侦查员他已经参加了会议，准确说出了会议的具体地点，而且在会议上他见到一个他以前的朋友孙宏彬，其他参加会议的人员他都不认识。（　　）

该恐怖组织根据马兵提供的信息，经过侦查取证已经被打掉，组织成员都被逮捕，证明了他提供的情报的正确性。同时，马兵又向侦查员提供了一个消息，这个消息是他从一名邪教组织成员那儿听说的，侦查人员从其他渠道获取的信息证明了这个消息。（　　）

（5）请对以下信息来源的可靠性进行评估

张军是某公安机关物建的秘密探查力量，但他已经有很长时间没有为公安机关提供过信息了。最近，张军提供给侦查员一条有效的信息，根据这个信息缉毒部门查获了5千克的可卡因，并逮捕了一名毒贩。但在这之前很少提供有效的信息，提供的信息中大多也没能通过侦查员的核查。(　　)

(6) 请对以下信息内容的真实性进行评估

某日，张军对侦查员说他听说有一个叫吴小兵的贩毒人员正在策划一起毒品走私案件。(　　)

这个涉及吴小兵的信息被别的公安机关获取的另一个犯罪信息印证。接着张军又告诉了侦查员吴小兵的整个贩毒计划，吴小兵准备在近期贩卖10千克的可卡因，而且部分可卡因已经在几天前由吴小兵的妻子买入。这些情况都是由吴小兵亲口告诉张军的。(　　)

一周后，吴小兵的妻子因为携带5千克可卡因在四川省双流机场被逮捕。张军又告诉侦查员有一个叫赵红的妇女将携带另外5千克可卡因乘飞机飞往银川市，这个消息是张军从吴小兵的一个同伙那里得到的。(　　)

(7) 请对以下信息来源的可靠性进行评估

这条信息的提供者还没有在公安机关正式登记在册，不属于公安机关正式物建的秘密探查力量。(　　)

(8) 请对以下信息内容的准确性进行评估

这条信息是一名公安民警的女朋友提供的，她在某市商业银行工作。她非常有信心地说，最近她上班时发现有个可疑人员每天都到银行提走大量现金，她觉得非常可疑，不过她觉得公安机关应该掌握这个情况。(　　)

(9) 请对以下信息来源的可靠性进行评估

信息提供者叫吴爽，他不是公安机关正式登记的秘密探查人员。吴爽是条货船的船主，他之前从未给公安机关提供过信息，他没有违法犯罪记录，在村里担任一定的行政职务，但是平时有酗酒的恶习。(　　)

(10) 请对以下信息内容的真实有效性进行评估

陈胜告诉当地民警，他确信他承运的这批货物中有大批的黄色光盘，因为他不识字所以也看不懂包装箱上的内容，他是听搬运工在闲谈时说的。公安机关通过调取货主的违法纪录发现陈胜曾有贩卖大量黄色光盘的违法行为。(　　)

2天后，陈胜在出海时看到这些可疑的箱子被运送到另一条名叫“阳光

49”的货船上。(　　)

3. 犯罪信息表或犯罪信息日志

犯罪信息的收集是一项日常性的工作，每个民警在其业务工作中要树立强烈的信息意识，随时对有价值的情况进行收集。但是要真正做到全警收集，除了建立一定的规制外，必须要有统一的信息形式，否则就无法将犯罪信息以规范的数据形式进行整理和录入。因此，必须设计统一规格的犯罪信息表或犯罪信息日志。在犯罪情报信息工作较为发达的国家，都有规范的犯罪信息报告表或日志，警察在收集到相关信息后，必须将情报信息的内容填入表格或将其写在犯罪信息日志中。

在填写犯罪信息表和情报信息日志时，要求语言精练准确，应包括相关的名称、地址、时间等必备要素。另外，还要将表格中所有的内容填全，如有缺项或表述不规范就会影响犯罪信息的使用价值。犯罪情报信息表或日志一般应包括以下字段：信息表编号、信息来源可靠性等级、信息内容真实性等级、信息主题词、报告警员的姓名、信息的具体内容、其他说明的问题和建议等。表 4 -1 -2 为英国警察机关所使用的犯罪情报信息表的基本格式，欧洲许多国家的警察机关也使用这种规格的犯罪信息报告表。

表 4 -1 -2　犯罪信息报告表

<table>
<tr><td colspan="2">来源可靠性评价</td><td>信　息　来　源</td><td>报告编号</td></tr>
<tr><td>代码</td><td>评价结果</td><td rowspan="5"></td><td rowspan="2"></td></tr>
<tr><td>A</td><td></td></tr>
<tr><td>B</td><td></td><td rowspan="2">报告时间</td></tr>
<tr><td>C</td><td></td></tr>
<tr><td>D</td><td></td><td></td></tr>
<tr><td colspan="2">信息真实性评价</td><td></td><td>报告人</td></tr>
<tr><td colspan="2">主　　题</td><td></td><td></td></tr>
<tr><td colspan="2">报告内容</td><td colspan="2"></td></tr>
<tr><td colspan="2">备注</td><td></td><td>审　核　人</td></tr>
</table>

四、 犯罪信息的整理

犯罪情报分析人员在分析目标的指引下，将收集到的犯罪信息按一定的标准进行排序，或是在犯罪信息系统中进行检索和查找，使有关的犯罪信息有序化，以便对其进行分析。通过信息的整理，还能发现已有的犯罪信息是否足以支撑进行的犯罪情报分析任务，如果通过整理发现还缺少某方面的信息，就应当继续进行信息的收集工作。

数据整理是连接数据收集与数据分析的重要桥梁。数据整理主要有数据分类和数据加工两类活动。数据分类是将收集来的信息按照分类标准划分类别，标注可靠性登记、重要性登记和优先处理次序等。数据加工分为数据形式处理和数据内容处理两种，数据形式处理包括数据的形式转换和格式规范化处理，如将文本信息转化为表格，统一日期和时间格式等；数据内容处理包括文档翻译、密码破译、图像识别等。在现代信息技术环境下，经整理后的数据均被导入数据库，以便检索查询，所以，数据库建设也被列为数据整理的一项活动。

五、 犯罪信息的分析

在情报信息工作流程中，核心的应用环节是根据确定的分析目标对信息进行分析。其实质就是情报分析人员将各种渠道收集到的相关信息进行汇总并对其进行研究，得出科学、准确的推论，以增加犯罪信息的价值，直接服务于公安机关的决策者或实战部门的侦查人员。

（一）犯罪情报分析的主要目标

1. 为实战部门的侦查人员提供战术性的情报支持

即通过分析得出相关的结论或是用以检验某些先前的推断，如对案件中关于何人、何时、何地、何因及在过去、现在、将来实施的犯罪活动的情况推断和刻画，还包括对犯罪团伙和有组织犯罪集团的种类和内部组织结构的推断和刻画。

2. 为公安机关的领导提供决策参考

犯罪情报分析人员利用公安内网、外网等各类数据资源，通过分析帮助公安机关的领导在决策时提供必要的帮助。

（二）犯罪情报分析的基本方法

在犯罪情报分析中，分析人员使用归纳推理和演绎推理的逻辑方法来对单人犯罪和团伙犯罪的一些情况进行推理分析，另外，情报分析人员还会大量运用图表技术、数据统计技术，以达到分析的目的，推进对各种犯罪信息含义的认识，得出准确的结论。（犯罪情报分析的基本方法在第三章已经详细介绍，本章不再赘述。）

六、 犯罪情报信息的反馈与传递

将情报分析结果从分析人员传递给使用者在情报分析工作中是一个至关重要的环节，如果没有把情报的内容和意义有效地介绍给使用者，即使是一个非常好的情报也不能体现出其应有的价值。情报使用者非常广泛，可能是刑事侦查部门的领导、一般的侦查人员也可能是其他公安机关的领导和民警，情报发布过程可以用书面形式也可以用口头形式，在情况快速变化的时候，口头汇报是将情报分析结果传递给使用者的一条捷径。

在欧美一些国家，犯罪情报分析结果的口头汇报有一系列非常规范的程序，主要包括：情报分析人员介绍自己和感谢到场人员、阐述汇报的主要目标、描述推论（以简短的形式提出假设）、为结论提供背景材料（前提、用于支持结论的各种数据和图表）、再一次描述推论、提供建议、为提问和讨论提供时间、结束汇报。

第二节

犯罪情报分析的基本模式

侦查部门是公安机关打击犯罪的主要力量，犯罪情报分析对于侦查工作极为重要，也是“情报引导侦查”和“大情报小行动”、“精确打击”的基础。

在侦查实践中，犯罪情报分析的模式是衡量情报分析工作是否科学合理、是否适应情报工作目标的重要标准。目前，世界各国的犯罪情报分析模式都有其各自的特点，基本都是根据打击犯罪工作的实际情况以及在情报分析工作的长期发展中逐渐形成的。随着跨国犯罪的日益猖獗，如洗钱犯罪、毒品犯罪、走私犯罪、网络新型犯罪等，为了更好地进行跨国情报的交换，用以打击此类犯罪活动，许多国家开始在犯罪情报分析模式上进行相互交流，在犯罪情报工作中进行合作和协助。目前，在欧盟国家中，英国、荷兰、比利时等国家已经开始使用相同的分析模式，欧洲的其他国家也在发展自己的情报分析模式，为了便于与其他国家进行情报合作，在一些主要的分析模式上开始使用统一的标准化术语。

犯罪情报分析的模式是根据情报分析的目标而定，不同的分析目标有其不同的分析模式，从总体上看，犯罪情报分析可以分为战略性分析和战术性分析，而每一层面的分析都可以围绕着案件分析、犯罪行为人分析和犯罪控制途径分析展开。分析模式如表4－2－1所示。

表4－2－1

<table>
<tr><th>分析目标</th><th>战略性分析</th><th>战术性分析</th></tr>
<tr><td rowspan="2">案件分析</td><td rowspan="2">犯罪特点及作案手段分析</td><td>案情分析</td></tr>
<tr><td>并案分析</td></tr>
<tr><td rowspan="2">犯罪行为人分析</td><td rowspan="2">共性特征分析</td><td>团伙犯罪特征分析</td></tr>
<tr><td>个性特征分析</td></tr>
<tr><td>犯罪控制途径</td><td>犯罪控制途径分析</td><td>侦查途径分析</td></tr>
</table>

一、 战略性犯罪情报分析

战略性犯罪情报分析，是指情报分析人员针对某个较为宏观的问题和目标所进行的分析工作。其分析结论指向一种长期的行动目标，效果的产生有一个较长的过程。

（一）针对案件而展开的战略性情报分析

在战略性分析的层面针对刑事案件而开展的情报分析主要包括：犯罪趋势分析、犯罪特点分析、犯罪手段分析等，这类分析不是针对某一起案件的犯罪特点和手段，而是针对某一时间段在某一区域发生的某类案件的总体而进行的分析。对于此类分析通常的模式是运用图表法、统计法等进行，最后的结论以分析报告的形式呈现。例如，某年 12 月，在某省的一个地区盗窃机动车内贵重物品的刑事案件突然急剧上升，公安机关的刑事侦查部门开始关注此类案件发生的地点和具体时间，并对所有盗窃机动车内贵重物品的案件进行了统计和分析。通过分析研究，发现在这个系列案件中，有 70% 的案件都发生在该城市内两个相邻的区县，而且这些案件大多数发生在晚上 11 时至凌晨 4 时这个时间段。公安机关据此更有效地在这些案件高发区域及案件高发时间段内增加警力进行守候、巡逻。同时，也通过媒体告诫公众在这两个区域和时间段内加强自我防范。另外，这个分析结果还为侦查人员提供了一个重要的线索：这个系列案件的盗窃犯罪嫌疑人很可能与这两个区域有某种内在的必然联系。

（二）针对犯罪行为人而展开的战略性情报分析

对犯罪行为人进行的战略性分析主要是对犯罪行为人共性特征的分析，即通过分析发现实施同一类型犯罪行为的犯罪嫌疑人的共性特征，最后用统计数据和分析报告的形式呈现结论，如通过侦查和研究发现了不同强奸犯罪嫌疑人的各自特点，分析结果表示某些强奸犯罪行为人通常喜欢在被害人家中作案，分析研究还发现这些犯罪嫌疑人往往有违法犯罪记录，一般是性犯罪方面的，也有的是暴力犯罪和盗窃。那么从这些分析得出的结论就能在以后的强奸案件的侦查过程中为侦查人员提供帮助。

(三) 针对犯罪控制途径而展开的战略性情报分析

对犯罪控制途径的战略性分析主要是犯罪控制途径的宏观分析，是评价正在实施宏观的犯罪控制途径的优劣，以便在以后的打击、预防、控制犯罪过程中更好地使用。其中也包括在一些具体的打击、控制、预防工作中的工作流程方面的优劣评价。

二、 战术性犯罪情报分析

战术性犯罪情报分析，是指情报分析人员对某个较微观的具体问题或目标所进行的分析工作。战术性犯罪情报分析的结论直接指向短期的行动目标，并且会较快产生成效。

(一) 针对案件而展开的战术性情报分析

在战术性分析的层面针对刑事案件而开展的情报分析主要包括：刑事案件的案情分析、刑事案件的并案分析等。

1. 案情分析

案情分析是每起刑事案件侦查过程中必不可少的重要环节，是对侦查人员收集到的众多与案件有关的犯罪信息进行集成的主要途径，能帮助侦查人员重建刑事案件的发生过程和犯罪行为的先后顺序，为确定侦查方向和划定侦查范围提供强有力的依据。

每一起刑事案件发生后，侦查人员都需要从各种渠道收集与案件有关的信息，包括通过现场勘验收集相关的犯罪痕迹物证，通过调查访问收集证人证言等。在案情分析时需要将所有侦查人员收集到的信息通过一定的方式整合到一起，信息通过集成后能使侦查人员在众多纷繁复杂的线索中厘清头绪，对案件的情况有系统和准确的认识。

在侦查实践中，案情分析往往是以会议讨论的形式进行，每个侦查人员将所收集到的信息运用介绍与汇报的方式表述出来，然后再针对这些信息进行分析和研究。而在情报分析的模式下进行的案情分析，一般会利用物品流向图、事件图、行为图、事件分析图、组织结构图等形式进行展示，在此基础上进行分析研究能使侦查人员对案件的认识更为清晰，分析也更为准确。

2. 并案分析

并案分析是侦破系列案件的重要途径，侦查人员在集成个案信息的基础上，分析案件的特点，并对以往所发生的类似案件进行比较分析，以判断是否为同一个或同一伙犯罪嫌疑人所为。在侦查实践中，侦查人员可以利用电脑系统进行系统的并案，也可以通过对一些相似的案件进行列表比较，最后以并案报告的形式呈现。

在案件数据库的基础上，利用计算机专用并案软件系统进行相似案件的检索和寻找，将是未来并案的基本方法。侦查人员一般会利用作案时机、发案时间、作案目标、发案地点、案件名称、作案手段（暴力胁迫手段、窃取手段、欺诈手段、妨害手段、伪装灭迹手段、利用计算机手段、其他作案手段）、现场痕迹（手印、足迹、工具痕迹、枪弹痕迹）、现场遗留物等在案件数据库中进行检索，寻找相似的案件，对检索结果再进行分析研究，以最后确定一系列能进行串并的案件。然而，并案不能完全依赖计算机系统，尽管计算机系统可以大大提高并案的工作效率，但最后还是要通过人工进行分析和比较才能得出科学准确的并案结论。

例如，某地公安机关通过对某市发生的几起强奸案件的分析，发现所有案件的犯罪现场都是在被害人家中，而且发案时间都是在白天的同一个时间段。另外，在几起案件中，还发现犯罪行为人都是用匕首对被害人进行暴力胁迫，而且被害人对犯罪行为人体貌特征的描述也大致相同。可见，这些强奸案件有着一系列的相同点，这些相同点能揭示出犯罪行为人的一些特殊性，因而公安机关通过分析推断出这些案件是同一个犯罪行为人所为，成功地将这一系列案件进行并案侦查。

（二）针对犯罪行为人而展开的战术性情报分析

对犯罪行为人的战术性分析主要包括两个方面的内容，即对犯罪团伙特征和对犯罪行为人个性特征的分析。

1. 对犯罪集团的分析

对犯罪集团的分析主要是通过收集一个已知的犯罪集团的相关信息，搞清犯罪集团内部的组织结构和每个成员在集团中的角色。分析的依据包括：联系图、物品流向图、事件图、行为图、秘密收入的评估等，最后撰写分析报告。例如，有情报表明最近有犯罪嫌疑人在 A 市制造 50 元面值的假币，鲁某兵和鲁某军兄弟俩可能与这起案件有关。这些是公安机关目前所知道的全部情况。A 市公安机关刑警队的队长准备进行一次对犯罪集团的分析。这个分析表明鲁某兵、鲁某军兄弟俩虽然没有工作，但在银行有大量的存款。鲁某兵的朋友中有不少是从事印刷行业的，其中一个叫张某的开一个名叫“蓝天”的小型印刷厂，张某曾被公安机关处理，有违法犯罪前科，去年张某曾因涉嫌参与制造假币接受公安机关的调查。接下来的侦查工作主要是查清鲁某兵那些与印刷业有关的朋友，以及有关的公司、银行的账号，每个人在这个假币犯罪组织中的角色等。

2. 对犯罪行为人个性特征的分析

对犯罪行为人个性特征的分析是指通过犯罪事件的特点和有关的背景情况，构造出犯罪事件中犯罪嫌疑人的各种特点。这种分析不仅需要犯罪情报分析专家参与，还需要犯罪心理学家的帮助。例如，公安机关怀疑在 B 市发生的数起强奸案件可能是同一个犯罪嫌疑人所为。他作案的方法和特点是：选择犯罪地点是在被害人家里，他总是用匕首进行威胁。特殊性规律的分析能告诉我们被害人的类型和在攻击时犯罪行为的个人特点，甚至犯罪嫌疑人的居住区域和职业。这样侦查人员就可以根据分析的结果寻找犯罪嫌疑人，侦破这个案件。

（三）针对犯罪控制途径而展开的战术性情报分析

对犯罪控制途径的战术性分析主要是指对侦查途径的分析。对侦查途径的分析是指通过评价正在实施的侦查措施和曾实施过的侦查措施，用以指导以后的侦查工作。有效的侦查途径的分析能指导和评价侦查过程并对如何有效地使用侦查措施指明方向，确定侦查的切入点。例如，有情报证实 A 和 B

正在参与一起可卡因毒品的贩运，但缉毒部门对于这批可卡因什么时候从哪儿起运及谁是买家并不清楚，如果不清楚这些重要的情况，侦查工作无疑会陷入困境。侦查途径分析的结果表明与B有密切接触的秘密探查力量没有受到A和B的怀疑，在这个分析结果的指导下，侦查员们开始将监控目标转移到了B和他们租用的仓库。根据以上的例子说明分析人员作出的对侦查途径选择方面的建议，能为侦查人员提供新的方向。

三、 犯罪情报分析模式练习

(一) 练习要求

结合所提供资料，利用本节对分析模式的介绍，在空格内填入正确的分析模式。

(二) 练习内容

2003年1月2日，星期六，110指挥中心接到报案，一个大公司老板李某生19岁的女儿李某燕失踪了。李某燕是2002年12月自己搬到A市的一处出租房与同学合租在一起的，她在A市的一所大学学习经济学专业。1月是她最忙的1个月，因为这个月内她要参加一系列的考试，李某燕的学习成绩一直都很好，所以她对这些考试都很有信心。

李某燕最后一次出现在1月2日下午3点半，与她合租一套房的同学告诉警察说，那天下午她回宿舍时发现李某燕正准备去买一瓶酒，李说她晚上要带瓶酒和她的男朋友去参加一个晚餐聚会，可能晚上会晚点和男朋友一起回来。

李刚出去买酒她男朋友就来了，他等了很长时间李某燕始终没回来，他开始担心起来，说李某燕怎么还不回来，附近的商店已经关门了，他们可能要迟到了。他给李某燕的很多朋友打电话但没有结果，到晚上9点钟，他向公安机关报案称李某燕失踪了。

李某燕的家庭很富有，近来在A市也发生过一些绑架勒索案件，而且李某燕失约的情况是很不正常的，恶作剧的可能性也被排除了。她的同学告诉警察，事发之前李某燕接到一些莫名其妙的电话，她一接那边就挂了。李某燕被绑架的可能性越来越大。

几名侦查人员调查了李某燕的男朋友，也去了李某燕准备去买酒的商店，侦查人员也试着选择不同的路线从李某燕住处走到商店。接下来，成立了专案组，其中也包括一名犯罪情报分析人员。

围绕着李某燕失踪前和失踪后客厅门的开启状态，侦查员在当时在场的人员和周围群众中进行了大量的调查，情报分析人员在________分析中使用了这些询问笔录，这个分析主要是厘清了李某燕失踪前后一段时间内发生的具体的事件顺序。根据这个分析结果发现了一些陈述中的矛盾点，专案组组长要求侦查人员对凡是陈述与分析结果有矛盾的人员再次进行访问。

1月4日上午，李某燕失踪已经40个小时了，李某燕被绑架看来确定无疑了。在上午10点时，李某燕的母亲接到一个陌生男人的电话，他自称绑架了李某燕，在李某燕母亲正准备问他一些情况时，他将电话挂断了。

李某燕被绑架确证无疑，侦查员们开始收集关于这起绑架案的所有信息。所有关于绑架犯罪嫌疑人的线索都被收集起来并进行研究。此时，对此犯罪行为人的种类进行分析研究，这种分析能为侦查工作提供最初的方向，这个分析是________分析。

在李某燕被绑架之前，A市也发生过一系列的绑架案件，根据这些案件的分析报告、调查日记和未破案件信息，而作的犯罪情报分析时隔不远，为了确定有效的侦查方法和在其他绑架案中使用的方法是否能在侦破此案中有效，这需要进行________分析。最后，上级情报部门提供了此分析。

对该案进行支援的犯罪情报分析人员进行了一个特别的分析，他利用了所有的证人证言、犯罪现场勘查的结果、所有关于李某燕的资料及李某燕母亲和绑匪对话的电话录音，试图对犯罪嫌疑人的特征进行刻画，在这个________分析中，他利用了以前发生过的几起绑架案件的分析结果，且借助行为科学的知识，并试图判断作案的人数和作案的目的（是为钱还是为了别的什么目的）。分析人员帮助专案组解决以下的问题：绑匪下一步将会怎么做？社会及警方什么样的反应能最大限度地减少绑匪对李燕的伤害。

（三）分析要点

1. 案情分析（战术性分析中的案件分析）。
2. 犯罪嫌疑人的共性特征分析（战略性分析中的犯罪行为人分析）。
3. 侦查途径分析（战术性分析中的犯罪控制途径分析）。
4. 犯罪行为人的个性特征分析（战术性分析中的犯罪行为人分析）。

第五章 战略性犯罪情报分析

战略性犯罪情报分析是宏观的分析模式，是针对一些远期的目标而进行的分析，主要为公安机关的领导者进行决策作参考。

尽管战略性犯罪情报分析在实践中得到大量的运用，但目前还没有形成系统的理论。就是在欧美一些情报工作较为发达的国家，其科学性、系统性还尚待提高。因此，本章中对此的研究只能作为一种探讨和交流，相信随着犯罪情报分析理论在我国的发展和成熟，对此的研究也将更为深入和科学。

第一节 针对犯罪案件进行的战略性犯罪情报分析

围绕犯罪案件所进行的战略性犯罪情报分析，主要是根据一段时间内发生的犯罪案件的总体犯罪趋势、犯罪特点和犯罪手段进行的分析，而不是针对某一具体犯罪案件进行的相关分析。本节中主要介绍犯罪趋势分析、高危时空分析和高危人群分析，这 3 类分析也是当前在实践工作中比较重要的战略性犯罪情报分析内容。

一、 犯罪趋势分析

（一）犯罪趋势分析概述

犯罪趋势分析是犯罪情报分析人员通过对犯罪信息资料及其他相关信息对犯罪的发展演变趋向进行的预测性分析。犯罪趋势分析的结论主要是为公安机关的领导提供打击犯罪的决策依据，同时对实践部门的侦查人员了解犯罪形势，更好地打击犯罪活动也有一定的帮助。

犯罪趋势分析主要包括对发案趋势的分析、犯罪特点的演变和发展、新型犯罪类型的预测等内容，分析要以已发生的犯罪案件的统计数据为基础，结合社会政治、经济、文化等发展情况进行综合分析。某地的社会政治、经济、文化的发展与犯罪有紧密的联系，对犯罪趋势的分析不是简单地对以往犯罪情况的总结和盲目的推测，而是首先要借助当前犯罪形势的数据统计结果分析构成该犯罪态势的原因，然后根据今后几年内会影响犯罪态势的因素进行科学的预测。犯罪趋势分析主要以图形工具和数据统计为基础，最后以分析报告形式呈现。

（二）犯罪趋势分析中应考虑的因素

影响犯罪趋势和情况的因素非常众多，各种因素对犯罪的影响也因各地社会情况的不同而有所差异，因此，对犯罪趋势的分析是一个系统的工程，需要综合当前犯罪情况的各类数据和未来社会的发展因素进行。对犯罪趋势走向影响最为明显的因素有下列几个方面，但这些并不能囊括所有，各地在进行犯罪趋势预测时应根据地区的具体情况有所增减。

1. 政治方面的因素

政治因素是必须考虑的重要因素，社会政治不安定因素越多，宗教问题、民族问题的尖锐化，会导致社会冲突加剧，甚至引发一些恐怖性的暴力案件的增多，如系列性爆炸案件、投毒案件等。20 世纪 90 年代末期，在新疆发生的大部分系列爆炸案件都是一些民族分裂组织（东突组织）所为，曾一度造成社会治安的恶化。

2. 经济发展速度方面的因素

经济的高速发展可以使社会财富增加、居民生活水平提高，同时也会带来一系列的社会治安问题。从西方发达国家发展的经验来看，在经济发展迅猛的时期往往犯罪也会加剧。新型产业的增加，相应的一些新型的犯罪形式也会不断出现，如在 20 世纪 90 年代，出租车行业在一些大中型城市开始兴起时，抢劫出租车犯罪案件就有过一个发案的高峰。其他，如证券行业的犯罪案件、计算机犯罪案件等都是由于一门新兴的产业诞生而衍生出的新的犯罪类型。中国在 20 世纪 80 年代改革开放后，国家的经济高速发展，同时犯罪率也急剧上升，社会治安一度恶化，通过几次全国性的“严打”整治才使犯罪率有所下降，趋于平稳。因此，要分析犯罪的趋势，必然要考虑到未来几年的经济发展速度。

3. 文化教育方面的因素

教育水平直接影响到区域居民的文化水平、道德水平的高低，对犯罪率的高低也会产生一定的影响。尤其在青少年犯罪率呈上升趋势的情况下，如果有大量的青少年不能在学校受到良好的教育，而是游荡于社会，加之社会生存能力低下，没有正当职业，极易走上犯罪道路。另外，社会的文化水平也是影响犯罪率的一个重要因素，如果居民文化生活丰富、健康，那么社会就和谐稳定。

4. 人口方面的因素

一个区域犯罪状态的变化与该区人口的数量、构成、分布和迁徙等因素有着非常紧密的关系，在对犯罪趋势进行预测分析时，必须考虑到这些重要的因素。一般情况下，犯罪的绝对数量与居民人口的数量成正比，人口密集的区域往往是犯罪的高发区域，人口构成中外来人口比例大的区域往往犯罪率也较高。如果在几年内某区域在人口数量、构成、分布上将有很大的变化，则往往会对犯罪趋势产生较大的影响。另外，人口的大规模迁徙也会打破该地区原有的社会状态，外来人口与本地区居民之间的矛盾众多，使矛盾、纠纷增加，犯罪率上升，如某一地区在未来几年内有数个大型企业迁入，随之而来的是有大批外来人口迁徙进入，在进行犯罪趋势分析时就应充分考虑人口迁徙对犯罪状态带来的影响。

5. 居民就业方面的因素

居民的就业率与社会稳定有非常直接的联系，因此各国政府都非常关注这一社会问题。如果某地区在未来几年有许多劳动力密集的产业萎缩、关闭，则意味着有大批的劳动力面临失业的危机，不可避免地要带来犯罪率的上升，而且是以侵财类的犯罪为主。

6. 家庭方面的因素

家庭是社会的细胞，家庭的结构、稳定度也会对社会治安带来一定的影响，如单亲家庭增多、离婚率增加无疑会带来众多的矛盾，当矛盾激化时，可能会引发犯罪，如父母亲同时外出打工的情况在农村越来越多，极易出现对子女疏于管教的问题。家长对家庭成员的规范能力降低，父母对子女的约束力也减弱，这也是导致青少年犯罪率上升的一个原因。

7. 打击力度方面的因素

打击与犯罪是一对矛盾，是此消彼长的关系。在未来的数年里，警察的数量是否增加、警力分布是否合理、装备的数量和质量都将是直接影响打击力度和打击效率的关键问题。例如，某地区的人口数量在几年内有大量的增加，而警察数量的增加非常有限，几年后警察数量与人口之间的万分比将明显下降，使得打击力度减弱，犯罪率上升。因此，必须将警察队伍建设、装备建设等因素作为预测的因素之一。

8. 交通方面的因素

地区的交通状况不仅对当地的经济产生影响，也会对犯罪的流动性高低产生影响，一个交通状况差、相对封闭的地区，外来流窜犯罪相对较少，而交通便利，公路、水路、空中交通顺畅的地区，相对流窜犯罪就会增加。例如，一个近海小岛地区，原来只有水路交通，相对比较封闭，但几年后要修建海底隧道及跨海大桥与大陆相连，交通状况将有明显改变，因此，可以预见在未来几年外来流窜犯罪会大量增加。

9. 周边地区的犯罪状况因素

在动态化的社会中，犯罪是不分地域的，加上便捷的交通、发达的信息传播渠道，各地的犯罪情况不可能不受到其他地区的影响，尤其是周边地区的犯罪状态对本地的犯罪趋势影响最大。以我国的毒品犯罪为例，最开始是由云南等靠近世界主要毒品产地“金三角”地区的省份成为毒品的贩运通道，并开始在云南等省蔓延，短短几年后，毒品犯罪开始辐射到邻近的几个省市，到20世纪90年代末期几乎全国各省都出现了大量的吸毒人群和毒品犯罪案件。因此，在进行本地的犯罪趋势分析时，必须将周边地区的犯罪情况及其发展也作为分析的因素之一。

(三) 犯罪趋势分析范例

未来5年刑事犯罪发展趋势和影响因素分析①

1. 过去5年刑事案件发展趋势

随着改革开放不断地深入，社会经济不断地发展，全国各地的刑事案件也呈上升趋势。近年来，泰顺县人民法院受理的刑事案件趋于上升趋势。例如，我院1998年判处刑事各类案件92件、114人，其中盗窃、抢劫、故意伤害、拐卖妇女儿童占总案件数的41%；1999年判处刑事各类案件130件、124人，其中盗窃、抢劫、故意伤害、拐卖妇女儿童占总案件数的62%；2000年判处刑事各类案件181件、249人，其中盗窃、抢劫、故意伤害、拐卖妇女儿童占总案件数的41%；2001年判处刑事各类案件196件、276人，其中盗窃、抢劫、故意伤害、拐卖妇女儿童占总案件数的45%；2002年判处刑事各类案件165件、225人，其中盗窃、抢劫、故意伤害、拐卖妇女儿童占总案件数的63%。如下表5－1－1所示。

表5－1－1　泰顺县1998年至2002年审理案件数据统计表

年度项目	1998年	1999年	2000年	2001年	2002年
盗窃（件/人）	21件/22人	55件/98人	34件/40人	47件/64人	42件/52人
抢劫（件/人）	6件/8人	9件/10人	6件/9人	9件/10人	19件/32人
故意伤害（件/人）	4件/4人	10件/10人	21件/21人	22件/26人	33件/38人
拐卖妇女儿童（件/人）	7件/11人	6件/7人	14件/37人	11件/14人	10件/13人
未成年人（件/人）	4件/4人	15件/17人	20件/23人	19件/24人	17件/23人
总案件数（件/人）	92件/114人	130件/124人	181件/249人	196件/276人	165件/225人
盗窃、抢劫、故意伤害3类案件占案件总数的比例	34%	57%	34%	40%	57%

① 该分析范例作者为泰顺县人民法院夏立彬同志。

（续表）

年度项目	1998 年	1999 年	2000 年	2001 年	2002 年
未成年人案件占案件总数的比例	4. 35%	11. 54%	11. 05%	9. 69%	10. 31%
个案人数与个案数的比例	124%	118%	138%	141%	136%
盗窃、抢劫、故意伤害、拐卖妇女儿童四类占总案件数的比例	41%	62%	41%	45%	63%
盗窃类占总案件数的比例	22. 83%	42. 31%	18. 78%	23. 98%	25. 45%
抢劫类占总案件数的比例	6. 52%	6. 92%	3. 31%	4. 84%	11. 52%
故意伤害类占总案件数的比例	4. 35%	7. 69%	11. 60%	11. 22%	16. 84%
拐卖妇女儿童类占总案件数的比例	7. 61%	4. 62%	7. 73%	5. 61%	6. 06%

以上统计表 5 - 1 - 1 是泰顺县人民法院 1998 年至 2002 年 5 年间审理的经常性、多发性案件的数据统计表。从表中可看出，泰顺县人民法院 1998 年至 2002 年刑事案件的发展趋势是：（1）盗窃案件总体呈上升趋势。1998 年至 1999 年呈直线上升，上升幅度达 16%。1999 年达到最高点，2000 年有所下降，但 2001 年以后案件比 2000 年有所上升且每年呈上升趋势，平均上升幅度达 10%。（2）抢劫案件趋于迂回上升趋势。1999 年比 1998 年上升了 0. 4%，2000 年比 1999 年下降了 3. 61%，2001 年比 2000 年上升 1. 53%，2002 年比 2001 年上升了 6. 68%。（3）故意伤害类案件呈折线上升趋势。1998 年至 2000 年平均上升幅度为 3. 6%，2001 年比 2000 年稍微下降，2002 年比 2000 年上升了 5. 62%。（4）拐卖妇女儿童类案件时升时降。从 5 年来所审理的案件来看，稍微有上升趋势、总体上趋于平衡。（5）未成年人犯罪的案件占据较大比例。1998 年审理未成年人案件的比例稍少，占 4. 35%，2000 年后平均比例达 10%，未成年人犯罪已是不容忽视的问题。（6）自

2000年始盗窃、抢劫、故意伤害、拐卖妇女儿童等类多发性财产型案件、危害公民人身权利类案件比例有所上升。(7) 从表中"个案人数与个案数的比例"可知，由单个作案向多人合伙作案的趋势发展。

2. 未来5年刑事犯罪发展趋势和影响因素分析

现实与可能是相互对立的一对哲学范畴，可能是现实存在的未来发展趋势，把握现实可以预知未来发展的可能性。根据上表对泰顺县人民法院过去5年来审理部分刑事案件进行分析并结合我院实际审理具体案件进行评测，可以预测未来5年刑事犯罪的发展趋势如下：

(1) 犯罪手段日趋成熟，呈类型多样化趋势，其中财产型犯罪多。在盗窃案件中，出现内外勾结、监守自盗；盗窃、窝赃与销赃发展成"一条龙"，如不久前刚审理的被告包某等5人涉嫌犯盗窃、销售赃物一案。在抢劫作案中出现了蒙面作案。在诈骗案件中，出现了利用合同或特殊身份进行诈骗的现象，如2002年泰顺县人民法院审理的被告人吴某利用泰顺华泰大厦建筑工程公司项目部经理的身份诈骗乐清客商26万元货款一案，以及被告人曾某冒充泰顺县交通局局长进行诈骗案等。

(2) 由单个作案向多人合伙作案，甚至组织有预谋犯罪集团发展，其中盗窃、抢劫、拐卖妇女儿童等案居多。合伙作案可以对作案过程进行具体分工、负责从而连成作案网络，便于逃避公安机关打击。再者由于打击力度不够全面、社会治安防范措施不当等给犯罪嫌疑人有机可乘，犯罪势力日趋壮大，向集团犯罪发展。上表中的个案人数与个案数的比例呈上升趋势，也说明这一点。例如，泰顺县人民法院某年审理的被告人王某等5人盗窃案，被告人王某纠集一帮人在地方作案时间达3年之久，作案达数十次，严重危害群众的财产安全。

(3) 犯罪身份多样化，农民犯罪日趋突出。由于农村劳动力过剩，人们的法制观念淡薄，受经济利益驱动，农民犯罪日趋升级，如拐卖妇女儿童案、盗窃案、故意伤害案等，上表也证明此点。

(4) 青少年犯罪多，犯罪行为人低龄化。第一，由于家庭环境不良影响与学校教育方法不当，教育措施不力，使青少年从小受到不良影响，从而扭曲了青少年的心灵。第二，社会对未成年人健康成长提供保障力度不够。

我国目前只普及九年义务教育，青少年受教育程度不高，是非感、正义感不强，且社会提供未成年人健康的活动场所不多。第三，社会对不良行为乃至违法犯罪行为的未成年人采取挽救、教育的措施不够。

二、 犯罪高危时空分析

犯罪高危时空分析，是指对容易发生某类犯罪的时空规律进行的一类分析，这类分析的实质是对某类犯罪案件发生的时间和空间共性特点的分析，通过犯罪高危时空分析可以明确某类犯罪案件在哪些时间段和哪些地段最容易发生，其分析结果具有两方面的作用：一方面可以指导公安机关进行更为有效的警力部署；另一方面可以指导群众进行有效的防范。

对于某些特定类型的犯罪案件而言，其发生的时间和空间具有一定的规律性和随机性，但并不是所有类型的犯罪案件在发生的时空上都有规律性。例如，入室盗窃案件的发生有一定的时间规律，上班时间段和深夜都是入室盗窃案件的高发时间，尽管杀人案件的发生没有非常明显的时空规律，但杀人碎尸案件却有一定的空间规律，因为大多数杀人碎尸案件发生在独居的出租房内。

犯罪高危时空分析应选择一些常发性或在街面发生的犯罪案件进行研究，拦路抢劫、强奸、抢夺、入室盗窃等应作为研究的重点。在确定了所要分析的案件类型后，可以利用统计表对所有该类案件的发案时间进行统计，然后将统计结果进行分析，得出易发犯罪的时间段。对发案地点的统计应利用地图标示进行，通过标示发现一些易发犯罪的空间范围。

为了使分析结果更有价值，应将犯罪高危时间和犯罪高危空间的单项分析结果进行交叉分析，即首先分析确定犯罪高危空间，然后对发生在高危空间范围内案件中的发案时间进行统计分析，得出犯罪高危时间段。

对于犯罪高危空间的分析，除了对位置进行统计分析外，还可以进行更为深入的研究分析，如对发案空间的结构、防护装置、周围环境等情况进行统计，尤其是入室盗窃的犯罪高危分析，如果只是对发案具体位置进行统计，分析结果对于防范犯罪的价值有限，而如果能对被盗空间的结构特点、防盗装置情况等进行研究，则会更有意义。

犯罪高危时空的分析结果应通过网络、通报等形式及时发布，国外许多国家的警察机关都定期在网站上将犯罪高危时空分析的结果进行公布，而且利用热区图（用不同颜色表示不同危险度的地区）的形式使分析结果更易被群众理解。这种犯罪预警的方式受到了群众的欢迎，使群众在预防犯罪侵害方面有更为明确的目标区域，从而降低了犯罪案件发生的可能性。

国内很多地区公安机关建成的“案（事）件时空分析系统”就包含了犯罪高危分析的功能，这些系统运用 GIS 技术，将地理信息和案件信息、人口信息及其他一切具有地址标示的信息进行充分结合，在地图上直观地反映案件的分布状况，既能辅助各级领导开展宏观战略决策，也能服务于公安实战战术需要。这些系统同时还可以将各类刑事案件按照多种形式、不同内容，灵活地开展组合查询、统计与分析，通过二维及三维图形化的表现形式让使用者比较直观地了解、掌握案（事）件的阶段性发展、变化状况。

三、 犯罪高危人群分析

（一）犯罪高危人群分析概述

犯罪高危人群分析是通过已破案件中对犯罪行为人的人群特征和犯罪手段的统计分析，寻找两者间的关联性规律的一类分析方法。社会中的某个群体，如果其人群特征与犯罪手段之间存在关联性就可以成为犯罪高危人群分析的对象。到目前为止，对犯罪高危人群分析的研究还只是停留在外来人口中的犯罪行为这一特殊群体上，相信随着社会发展，会有更多种类的人群被纳入高危人群分析中。

犯罪高危人群分析是我国近些年出现的一类战略性犯罪情报分析。在我国一些经济比较发达的城市中，外来人口犯罪日趋严重。在侦查实践中，侦查人员发现许多外来人口犯罪团伙带有明显的地域特点，他们以老乡为纽带纠集在一起进行系列盗窃、抢劫、诈骗等犯罪活动，而且来自同一地区的外来人口犯罪有稳定、特征明显的犯罪手段。因此，当地公安机关开始对一些类型的外来人口犯罪案件中犯罪行为人的户籍地和犯罪手段进行统计和研究分析，从分析结果看，外来人口犯罪行为人的原户籍地和其犯罪手段之间有着比较明显的关联性规律，由此，犯罪高危人群分析开始被运用在侦查工作中，为一些案件的侦查范围的划定起到了重要作用。但犯罪高危人群分析并不仅仅局限于城市外来人员这个人群，如吸毒人员、有前科劣迹的人员等都应属于高危人群的范围，但是否具有分析价值要看特定人群与作案手段之间是否有关联性，由于吸毒人员等人群的犯罪手段与其人群特征之间没有稳定的关联性，因此没有可分析的价值。

外来人口这个人群在城市中是个特殊的群体，他们最为明显的特征是没有暂住地的户口，这个群体还可以用户籍地将其划分成不同的小群体，这些小群体中的成员有共同的方言、大体相同的生活习惯，相互之间更容易进行信息的交流和沟通，所以小群体中的犯罪行为人也会相互交流经验和方法手段，所以来自某地区的人员在作某特定案件时，其手段带有很明显的地域特点，即这类人群在作案手段上有共性，这就为外来高危人群分析提供了很好的基础。目前各地公安机关主要还是对外来高危人群进行分析，因此，更确切地讲应称之为外来高危人群分析，而不能将外来高危人群分析称为犯罪高危人群分析。

外来高危人群分析之所以越来越受到各地公安机关的重视，主要是由于其在侦查工作中能拓宽侦查思路，从某个角度看也改变了传统的侦查模式，把侦查工作变得更为主动。2003 年 7 月 20 日晚至 23 日凌晨，某县连续发生 9 起攀爬阳台入室盗窃案件。该县公安分局刑事犯罪情报部门立即对案件进行分析研究，认定系一伙人所为，将案件串并。根据案件分析部门的外来高危人群分析报告，近期攀爬阳台系列案件中大多为来自贵州省某县的人员，根据该情况，7 月 23 日 22 时，分局刑侦支队在辖区旅店重点清查来自以上区域的外来人员。在辖区商城公寓旅店清查时发现 4 名无正当理由来某县的贵州籍男子同住一室，随身携带活动扳手、微型手电等可疑物品。该 4 人几次凌晨外出，行动诡秘，行迹可疑，有作案的重大嫌疑，经进一步审查，张某等 4 名嫌疑人均系贵州省某县人。经提取 4 人指纹、足迹与现场遗留痕迹进行比对，认定相同，破获案件。这个案件的侦破模式就是典型的“由人到案”的模式，与传统的“由案到人”的模式有根本性的差别，而且侦查的效率很高，尤其对打击流窜作案非常有效。

(二) 外来高危人群分析的要领

1. 外来高危人群分析要有针对性

外来高危人群分析属于专项分析，是针对某类案件中外来人口犯罪的不同地域性犯罪手段进行统计分析。公安机关应当针对当前的一些外来人口作案占多数的案件种类分析对象，确定分析的案件类型，如入室盗窃案件高危人群分析、抢劫案件高危人群分析。然后列表统计某一阶段所有破获的该类案件中的相关信息，然后将数据进行分项梳理，以户籍地或作案手段为分类汇总标题，进行分析报告的撰写。

2. 外来高危人群分析应常态化进行

犯罪形势随时在发生着变化，犯罪人员的构成、犯罪手段等都会随着时间的推移而不断改变，因此，外来高危人群分析也应适应犯罪形势的变化经常性进行。而不应长时间在侦查实践中使用原有的外来高危人群分析结果，这样不仅不能有效推动侦查破案工作的进行，还会误导侦查方向。犯罪高危人群分析间隔的时间长短要视某类犯罪案件中外来人员和作案手段的变化情况而定，不能机械地要求犯罪情报分析部门间隔一定时期就必须作一次外来高危人群分析，而且只有当这种变化达到一定程度时，才有足够多数量的样本可供情报分析人员进行归纳总结，才能找到其规律，否则过少的样本数量不足以支持得出的推论。

3. 外来高危人群分析报告的形式应灵活多样

外来高危人群分析报告不应拘泥于形式，主要的目的是通过分析报告使侦查人员了解某类犯罪案件中某种作案手段很可能是来自某地区的犯罪行为人所为，可以有针对性地对来自该地区的暂住人员进行排查和控制，大大缩小侦查的范围，提高侦查的效率。

分析报告大致可分为两种形式：一种是简约型报告，另一种是系统型报告。

简约型报告不罗列任何原始数据，只是将高危人群户籍地的名称和作案手段列出，非常简洁明了。

系统型报告一般比较全面，首先列出原始数据统计情况，然后对数据进行分析得出结论，最后提出工作建议。有些系统型的外来高危人群分析报告，不仅分析高危人群的户籍地分布特点，还对外来高危人群的年龄、性别、暂住地、作案地等进行分析。下面是某地公安机关对“两抢”案件中外来高危人群的分析报告实例。

2004年6月以来“两抢”案件中外来高危人群分析报告

2004年6月以来分局共抓获“两抢”犯罪嫌疑人197名，其中抢劫嫌疑人151人，抢夺嫌疑人46人。按照“两抢”犯罪嫌疑人户籍地进行分类，位于前几位的外省为：湖南（29人）、河南（29人）、贵州（23人）、四川（16人）、江西（14人）。前几位的县、市、区有：浙江鄞州（19人）、湖南龙山（14人）、江苏东海（8人）、湖南永顺（6人）、湖南桑植（5人）、四川巴中（5人）、河南淮阳（5人）、河南鹿邑（4人）、河南沈丘（4人）、贵州毕节（4人）、贵州赤水（4人）、贵州思南（4人）、四川古蔺（4人）。

一、从抓获人员的性别来看

犯罪嫌疑人绝大多数为男性（196人），女性为1人。这与案件的性质有关（要求有足够的速度和体力），如犯罪嫌疑人为女性，在作案时体力不够大或速度不够快，势必会影响作案成功。

二、从抓获人员的年龄结构来看

（一）年龄结构数据分析

1. 犯罪嫌疑人年龄在40岁以上的只有4人，占总人数的2%；

2. 犯罪嫌疑人年龄在30岁至40岁的有20人，占总人数的10.2%；

3. 犯罪嫌疑人年龄在25岁至30岁的有33人，占总人数的16.7%；

4. 犯罪嫌疑人年龄在25岁以下的有140人，占总人数的71.1%。其中鄞州籍嫌疑人员（17人）中，年龄都在19岁以下，甚至有一个出生年月是1991年9月。

（二）青少年犯罪人数突出的原因

从以上数据可看出，在“两抢”犯罪嫌疑人中，青少年犯罪人数占大多数，因此在侦破“两抢”案件时，嫌疑人目标首先要锁定青少年。从以前所破案件来看，形成这一原因有以下几点：

1. 外出务工人员中以青壮年为主，而年老者居少。

2. 青少年自身缺乏社会经验、辨别是非能力，对世界观、人生观没有正确的认识。

3. 青少年讲“正义”、“朋友义气”，拉帮结派。因此从抓获人员中可看出，嫌疑人多为团伙作案。

4. 有少数家庭为单亲家庭，缺少父母教育和关爱，使部分青少年得不到良好教育而误入歧途，走上犯罪道路。

（三）工作建议

针对以上情况，杜绝青少年“两抢”犯罪，只有从稳定其经济收入着手，派出所要做好基础工作：对暂住在本辖区内的外来闲散青年，要求其做好登记的同时，应指导其如何就业，为其提供辖区内企业的招聘信息；另外，教育家长做好其孩子的监护工作，发现有经济反常现象应及时予以关注。针对本区青少年参与“两抢”案件频繁的情况，应积极从源头上（如是在校生要求与其老师做好沟通工作）探索发现违法犯罪成因，动员社会力量进行管、控、帮、教。

三、从两抢人员的高危户籍地来看（略）

（一）数据分析结论（略）

（二）工作建议

希望各所根据本辖区的“两抢”案件发案情况进一步掌握“两抢”高危人群的作案规律、暂住规律及高危户籍地的分布情况，为侦破“两抢”案件提供指导性方向。

第二节

针对犯罪行为人展开的战略性犯罪情报分析

在战略性犯罪情报分析中，对犯罪行为人的分析主要聚焦于犯罪行为人的一些共性特征，是指犯罪情报分析部门利用科学分析方法，在大量已破案件的资料基础上，对犯罪行为人进行的量化分析，以发现犯罪行为人的规律、特点的一种分析方法。这类分析是属于归纳式的分析方法，由于数据样本不可能穷尽全部，一般是对以往案件资料的分析，因此有其一定的缺陷，但分析结果能反映出一般性的规律和特点，对于深入了解犯罪行为人，更好地打击犯罪具有一定价值。

一、 犯罪行为人分析概述

针对犯罪行为人展开的战略性犯罪情报分析，根据需要可以从不同角度进行。犯罪行为人分析涉及多方面的数据项，包括犯罪行为人的年龄、性别、户籍地、职业、再次犯罪情况、家庭状况、受教育程度、犯罪动机等，对其分析过程其实是一种数据的统计归纳。对犯罪行为人的分析一般涉及的数据量很大，而且对侦查实践的作用并不能立即反映出来，因此基层公安机关很少做此类分析工作。

犯罪行为人分析可分为两类：一类是单项分析，即对犯罪行为人的单项信息资料进行分析，如分析所有犯罪案件或某类型犯罪案件中犯罪行为人的年龄分布情况。另一类是交叉分析，即将犯罪行为人的多项信息资料进行交叉分析，如在对年龄分析的基础上，对每个年龄段的性别分布进行分析或对每个年龄段的初犯和累犯情况进行分析。无论单项分析还是交叉分析，其基本方法都是一致的，也就是利用归纳的方法进行样本数据的统计，然后以图表和分析报告的形式呈现出来。

在对犯罪行为人分析之前，首先应确定分析的目标和数据选择的标准。

所谓分析目标，就是对犯罪行为人哪几个方面的数据信息进行分析，对于犯罪行为人的分析目标要根据实际情况而定，在有些项的原始数据不完整或不具备的情况下，就应以现有的能收集到的数据信息为目标进行分析。而数据选择标准则是选择什么时间段的案件和哪个类型的犯罪案件作为分析的数据。案件类型总体上是以犯罪类型为大类，如盗窃、抢劫、杀人等，但在分析中如果还要更为深入，则可以将每个类型的犯罪案件再细分为多个种类，如将盗窃分为入室盗窃、扒窃等；将抢劫分为入室抢劫、拦路抢劫等。

在确定了分析目标和数据选择标准后，根据所确定的数据选择标准在犯罪案件信息库和其他案件资料中进行数据的收集和录入。如果案件信息系统集成了数据项的统计分析功能，则会使分析变得非常简单，如案件信息系统无统计功能则可以利用专用的统计分析软件。另外，有的数据并不保存在同一数据库中，如犯罪动机和再次犯罪情况可能需要到相关案卷的讯问笔录文本中查找。

二、 以犯罪行为人的基本背景为研究角度的主体分析

(一) 犯罪行为人的年龄分析

犯罪行为人的年龄分析，是犯罪情报分析部门选取一定时空范围内的所有犯罪案件或某类犯罪案件的信息资料，对案件中犯罪行为人的年龄进行的量化分析。所谓一定时空范围，是指分析的数据信息来自全国公安机关、某省公安机关、某地市公安机关或更小的地域范围，而且是在一段时间内的案件信息，其中的案件是指公安机关掌握的已破案件的信息。通过量化分析揭示出该类犯罪中犯罪行为人的年龄段分布，为掌握某一时期所有类型犯罪或某类犯罪中犯罪行为人的年龄特点提供依据。随着犯罪低龄化的发展，青少年犯罪现象成为影响我国社会治安的一个严重的社会问题，尤其在一些暴力型犯罪、吸毒贩毒案件、黑恶势力团伙犯罪中，青少年所占的比例较高。为了有效地扼制青少年犯罪，有针对性地进行打击和预防，有必要在一定时期对一些种类的犯罪案件中的犯罪行为人的年龄结构进行分析研究，尤其是一些危害后果严重、暴力性突出的杀人、抢劫、强奸等案件，更应该进行细致的分析研究。

（二）犯罪行为人的性别分析

犯罪行为人的性别分析，是犯罪情报分析部门选取一定时空范围内的所有犯罪案件或某类犯罪案件的信息资料，对案件中犯罪行为人的性别进行统计分析。通过分析揭示在一定时空范围内的犯罪案件或某类犯罪案件中犯罪行为人的性别比例，为了解某类犯罪中犯罪行为人的性别特点提供依据。女性犯罪与男性犯罪在犯罪类型、犯罪手段方面都有明显的差异，由于女性与男性在生理、心理上的不同，会导致女性犯罪在某些种类的犯罪上比较突出，如由于家庭暴力引起的女性杀人、伤害案件曾一度成为公众媒体的焦点，因此针对犯罪行为人的性别分析对于掌握不同类型犯罪中性别的分布和比例有重要意义。

（三）犯罪行为人的地域分析

犯罪行为人的地域分析，是犯罪情报分析部门选取一定时空范围内的所有犯罪案件或某类犯罪案件的信息资料，对案件中犯罪行为人的户籍所在地进行的统计分析。对于犯罪行为人的地域分析一般是选取某类案件的信息进行的分析，而且一般是对犯罪行为人地域特点比较明显的案件进行分析研究，即流动人口作案占较大比例的案件，如盗窃、抢劫、诈骗等。通过分析揭示出在一定时空范围内的犯罪案件或某类犯罪案件中犯罪行为人的户籍所在地的规律特点。改革开放后，随着人、财、物大流动的加剧，外来人口大量涌入大中型城市，刑事犯罪的流动性在不断增加，外来人口犯罪成为城市犯罪的主体。中国是目前世界上仅存的少量还保留公民户籍制度的国家，如何在现有户籍制度的体制下，发挥户籍制度的优势打击犯罪是各地公安机关非常关注的问题。对犯罪行为人的地域分析能为打击犯罪提供侦查思路和控制对策，在侦查实践中，一些地区的公安机关在 20 世纪 90 年代末期开始对犯罪行为人的地域特点进行分析研究，并综合其他的犯罪情报分析结果，创造性地提出了高危人群分析方法，并在侦查破案中加以运用，取得了很大的成效，对于高危人群分析，在本章中已有专门的阐述。

(四) 犯罪行为人的职业分析

犯罪行为人的职业分析，是犯罪情报分析部门选取一定时空范围内的所有犯罪案件或某类犯罪案件的信息资料，对案件中犯罪行为人的职业情况进行的统计分析。通过分析，揭示出在一定时空范围内的犯罪案件或某类犯罪案件中犯罪行为人职业分布的规律特点。在分析中，一般可以选择多层次的分析目标，如对从业人员和无业人员的比例分析、对从业人员中各种职业类型的分布状况的分析等。对于犯罪行为人的职业分析是公安机关掌握社会各职业阶层犯罪动向的一种基本方法，在实践中对犯罪行为人的职业分析较少，主要是由于该类分析在侦查实践中对侦查破案的直接作用不太明显，分析结果主要用于犯罪预防和宏观决策。但是，随着职业犯罪的增加，对于某类犯罪与其从事职业的关系也越来越引起公安机关的重视，如在计算机犯罪案件中，大部分犯罪行为人都有从事与计算机相关职业的经历或正在从事该职业，因此对于犯罪行为人的职业分析，尤其是从职业类型的量化分析就显出了其价值所在，这种分析结果对于侦查范围和侦查方向的确定有着积极的意义和参考价值。

三、 以再次犯罪为研究角度的主体分析

(一) 初犯与累犯量化分析及其意义

初犯与累犯的分析，是犯罪情报分析部门选取一定时空范围内的所有犯罪案件或某类犯罪案件的信息资料，结合犯罪行为人以往的犯罪记录，对案件中犯罪行为人的再次犯罪情况进行的统计分析。通过分析揭示在一定时空范围内的犯罪案件或某类犯罪案件中犯罪行为人的再次犯罪情况，为了解犯罪案件中犯罪行为人再次犯罪在全部犯罪案件中的比例提供依据。初犯与累犯的量化分析是对犯罪行为人再次犯罪的一类初步研究，但仅仅限于初犯与累犯在所有犯罪行为人中各自的比例是不够的，这种初步研究只能反映出在某一时空内犯罪行为人中再次犯罪的严重程度，但初犯和累犯所作案件的特点、趋势并不能体现，而对侦查实践最有意义的恰恰在于此，因此，必须更

进一步地对初犯、累犯的犯罪情况进行分析。

（二）初犯的犯罪情况分析

初犯的犯罪情况分析，是犯罪情报分析部门选取一定时空范围内的所有犯罪案件或某类犯罪案件的信息资料，结合犯罪行为人以往的犯罪记录进行筛选，对其中属于初犯的犯罪行为人的犯罪情况进行分析。对初犯的犯罪情况分析应包括初犯作案的犯罪类型分布特点、作案方式特点、侵害后果等，通过分析可以掌握初犯作案的一些基本特征。

（三）累犯的犯罪情况分析

累犯的犯罪情况分析，是犯罪情报分析部门选取一定时空范围内的所有犯罪案件或某类犯罪案件的信息资料，结合犯罪行为人以往的犯罪记录进行筛选，对其中的累犯犯罪情况进行分析。累犯的犯罪情况分析要依据其从第一次犯罪开始的所有犯罪案件的信息资料，通过分析可以掌握累犯作案的发展演变规律和作案的基本情况。从近几年侦破的在全国有影响的系列恶性案件看，其中有一定数量的案件是刑满释放人员所为，他们在回归社会后，重新犯罪，往往作案类型和手段升级，犯罪后果愈加严重，成为危害社会治安的危险因素，侦查实践部门的同志不断提出加强对刑满释放人员监控的建议，但苦于没有精确的科学依据。因此，在一定时期内对累犯犯罪情况的分析不仅可以为决策机关提供对此类人员控制的依据，也可以为其他政府部门在社会综合治理工作方面的思路提供参考。

四、以犯罪行为人的犯罪诱因为研究角度的主体分析

（一）犯罪行为人的家庭状况分析

犯罪行为人的家庭状况分析，是犯罪情报分析部门选取一定时空范围内的所有犯罪案件或某类案件的信息资料，结合其他相关的信息，对犯罪行为人的家庭成员结构、犯罪行为人自身及其父母的婚姻状况进行的统计分析。经典的犯罪学理论认为，个体的犯罪与其家庭有着密切的联系，家庭状况决

定着人的性格、世界观、行为模式的形成。因此，通过对一些特殊种类的犯罪案件中犯罪行为人的家庭状况分析，可以揭示出某类犯罪与其家庭状况的内在规律和联系，这种分析结论在某些时候可以为侦查人员划定侦查范围提供一定的依据，在预防犯罪工作中也能起到一定的指导性作用。

(二) 犯罪行为人的受教育程度分析

犯罪行为人的受教育程度分析，是犯罪情报分析部门选取一定时空范围内的所有犯罪案件或某类案件的信息资料，结合其他相关的信息，对犯罪行为人的教育经历、最高学历等进行的统计分析。犯罪行为人受教育程度与其犯罪是否存在一定的联系，或是受教育程度对其犯罪会有什么样的影响，必须要有精确的数据统计。通过对犯罪行为人的受教育程度的统计分析，可以将各种类型的犯罪案件中的犯罪行为人受教育程度高低的分布进行研究，寻找其中的规律或内在的联系，如通过统计发现系列杀人案件中犯罪行为人的受教育程度，为认识该类案件中的犯罪行为人提供受教育程度方面的依据。

(三) 犯罪行为人的犯罪动机分析

犯罪行为人的犯罪动机分析，是犯罪情报分析部门选取一定时空范围内的所有犯罪案件或某类案件的信息资料，对犯罪行为人的犯罪动机进行的统计分析。犯罪动机是犯罪行为人实施犯罪的内在诱因，根据不同类型犯罪案件中犯罪行为人动机分布的研究是非常有价值的，因为分析结果从某个侧面揭示了犯罪行为人在犯罪前的一些外在表象，这是由于犯罪动机的产生到实施犯罪会有一定的时间区间，在这段时间里，犯罪行为人通过其言行举止会或多或少地体现出来，这也就为侦查人员在排查犯罪嫌疑人过程中拓宽了思路，可以有目的地针对某些现象进行调查，加速侦查的进程。

第三节
针对犯罪控制途径展开的战略性犯罪情报分析

一、 犯罪控制途径分析概述

犯罪控制途径的分析是情报分析部门通过对犯罪情况和犯罪打击力量、打击技术的研究，结合当地社会的政治、经济、文化等的实际情况，从宏观角度提出的控制犯罪的有效工作方法和工作模式。

如何搞好犯罪控制是社会稳定的重要命题，也是各国政府，尤其是警察机关的重要使命。对于犯罪控制途径的选择并不是单一的，而是多种途径的并用。犯罪是社会问题，远比想象的要复杂，并不是警察机关的预防和打击就可以解决所有的犯罪问题。因此，犯罪控制途径的分析也是一项非常复杂而系统的工作，不仅需要实践数据的支持，还需要以一定的理论为基础。同时，犯罪控制途径的分析也要与当地的社会实际情况相结合，不会存在一种放之四海而皆准的犯罪控制途径。

对于犯罪控制途径的分析在西方情报分析理论和实践比较发达的国家，也是警察机关正处于研究和发展阶段的一类分析技术。因此，在此只是对犯罪控制的一些主要途径进行研究和探讨，提供一种分析的思路和模式。

二、 犯罪控制的主要途径

（一）防范控制与打击控制

公安机关对犯罪的控制可以从两个途径进行：一是犯罪的预防，二是犯罪的打击。控制犯罪绝不是消灭犯罪，犯罪的存在是社会原因造成的，是阶级社会特有的现象，因此在一个存在着阶级的社会中不可能没有犯罪。

在我国很长一段时间内，对于犯罪控制途径的选择，决策层一直固守着重打击而轻预防的思想，这是在当时计划经济时代控制犯罪非常有效的途径，因为在计划经济时代，属于静态化社会，人、财、物都由国家调配，国家对于社会的控制能力极强，公安机关的群众基础非常扎实，邻里守望可谓非常有效，犯罪的可乘之机甚少，用现在的观点看当时的基层基础工作质量很高，公安机关不用花大力气进行预防工作的投入已足以见成效。于是打击力度的大小成为扼制犯罪唯一或最为主要的因素。在那个年代以打击为主的犯罪控制途径的选择是具有科学性的，在实践中也充分证明了这点。

随着我国市场经济地位的确立和发展，社会发生巨大的变化，从静态化的社会逐渐转变为了动态化的社会，人、财、物大流动的格局已经形成，新生事物不断涌现，人的观念也在发生潜移默化的改变。在这种巨大的社会变革中，公安机关对社会治安的控制能力会受到很大的冲击，群众基础变得越来越薄弱，在计划经济时代建立起来的群众的主动性预防模式在逐步弱化，单纯的打击变得不那么有效了，出现了打不胜打的局面。此时，公安机关的决策部门提出了打防并举的犯罪控制途径，将公安机关的力量进行再分配，在工作模式、工作体制上进行改革，把一部分力量重点投入防范工作中，如设立巡警，加大街面的威慑力量，减少街面犯罪。加大基层派出所的建设力度，将派出所的工作重点从打击犯罪转移到犯罪预防上来等，使犯罪控制工作走上了良性的轨道，从近几年社会治安情况可以证实这种犯罪控制途径对于中国当前的实际情况是有效的。

打击和预防犯罪会有一种杠杆效应，一头沉另一头则翘，只有两者兼顾才能保持平衡。但在公安实践工作中，不可能总是两者都保持平均，在一段时期，如果社会基础扎实，社会控制力强，可适当将工作重点转向犯罪的打击，更多侧重于选择打击控制的途径。反之，则可以侧重于选择预防控制的途径。

（二）全面性的地域控制与集中性的重点控制

如果把人的生活空间看作一个区域平面，那么社区、街面、单位组织就构成了一般生活的全部范围，人的工作、学习、休闲娱乐、购物健身等活动都在这个范围内进行，犯罪也就在这样一个范围内发生，因此对于这些区域的控制就成为犯罪控制的重点，对这些区域的控制就是全面性的地域控制。当然，除这些区域，还有一些属于公安机关控制的盲点区域，如城乡结合部及城镇未经登记非法出租的私房，不用身份证登记就可住宿的洗浴中心等，都是犯罪行为人很好的藏身之处。在警力有限、控制力度有限的情况下，公安机关应当根据实际情况通过分析研究，寻找犯罪控制的最佳途径，在控制方法和警察配备上构成最优效率。

社区控制和单位组织控制一般主要以发动群众、教育宣传、邻里守望为主，这方面的犯罪控制是依托基层派出所进行的，要重点分析犯罪控制的方法和警力功能的分配，派出所的打击职能和防范职能之间如何进行有效的平衡是关键。另外，社区和单位组织是盗窃案件高发的区域，但其发案的时间段有很大的差异，社区盗窃案件白天高发，而单位组织的盗窃案件则在夜间高发，社区控制和单位组织控制的重点时间段要有所差别。街面控制主要依托巡警，随着我国城市化进程的加快，巡警数量也在不断增加，利用巡警在打击现行街面犯罪、预防震慑街面犯罪中效果良好，尤其对于在街面高发的抢劫和抢夺犯罪更为有效，是稳定街面治安格局的重要力量。在任何社会中，总有一些区域是公安机关控制的盲点，如何减少控制盲点是各地公安机关必须重视的工作，它是打击与预防犯罪工作中的漏洞，控制的盲点区域越小，公安机关对社会治安的驾驭能力就越强。

把警力普遍撒到所有的区域平面上显然不是一条非常好的犯罪控制途径，必须适当地进行集中性的重点控制。重点控制应不是以单纯的平面地理区域为控制的角度，是一种平面与立体的结合。既包括一些重点地理区域的控制，也包括一些特殊行业控制、特殊人群控制等，如对二手手机交易行业、金银首饰加工业、典当业、旧机动车交易行业等的控制，既包括对实现空间的控制，也包括对网络等虚拟空间的控制。

集中性的重点控制有着全面性的地域控制所不具有的优势，即控制的目标明确、效率高，而且主动性强。但全面性的地域控制是基础性的控制，也具有集中性的重点控制所不具备的优点。两种控制的途径如何分配，或是在当前犯罪形势下更侧重于哪条途径，就需要在综合全面分析的基础上进行决策，这也是犯罪情报分析部门进行战略性情报分析的任务之一。

（三）社会性控制与专门性控制

社会性控制是指运用政府各职能部门的合力，各职能部门都是犯罪控制系统中的成员，在犯罪控制工作中各负其责进行综合性的控制，我国提出的并付诸实践的犯罪综合治理就属于典型的社会性控制。公安机关作为控制犯罪的专门性力量，其在打击犯罪、防范犯罪的发生方面有着更为专业化的队伍和技术、方法，因此，专门性控制主要是指由公安机关对犯罪进行的控制。

社会性控制需要由政府各职能部门配合和参与，在犯罪控制中既治标也治本，应是最佳的控制途径，但其不足之处是涉及的部门太多，各部门参与犯罪控制的内应力不强，在运行中容易出现应付了事、搞形式主义的局面。社会性控制是立足长远的控制途径，对于短期的社会治安问题，尤其是犯罪问题，很难立即见效。而专门性控制则能弥补这一不足，专门性的打击和防范，往往可以在很短的时间就立竿见影。因此，公安机关在分析犯罪控制途径时，对于当前突出的犯罪问题不应当过分依托社会性控制的力量，更应关注专门性控制在打击犯罪中的主要作用。在针对一些长期的犯罪问题时，则要重视社会性控制的途径，以综合治理的途径解决。

（四）技术控制与人力控制

随着科学技术的发展，在控制犯罪的途径中科学技术的含量不断提高，改变了以往完全靠警力大规模作战的格局。各种最新的科学技术成果几乎都被用在打击犯罪和预防犯罪领域，为提高犯罪控制效率提供了动力和保障，可见，技术控制将成为犯罪控制系统中变化发展最为迅猛的一股力量。

技术控制途径的应用在实践中比比皆是，在打击犯罪中，刑事科学技术已成为最重要的战斗力，如DNA技术、颅像复原技术、指纹技术、犯罪情报技术等，不断在侦查破案中发挥着越来越重要的作用。在犯罪预防中，视频监控技术、卫星定位技术、激光防盗技术等的运用也使犯罪控制得以有效保障。但任何的技术控制手段必须是建立在人力控制的基础上才能得以实施，人力控制无论在打击犯罪或是预防犯罪中都是最为核心的要素。

技术控制途径的选择必须有充足资金的保障，对地方公安机关而言，不可能将所有的资金都用于提高控制犯罪的技术投入，必须有所选择，要通过综合分析，结合自身的实际情况，选择带有突破性的、投入少见效快的用于犯罪控制的技术装备。经济发达地区与经济相对落后地区，在技术控制途径的选择上会有很大的区别，过分依赖技术控制，而忽视人力控制的作用是不可取的。但是过分强调警力数量，而轻视技术控制也不符合公安工作的发展思路。

第六章 战术性犯罪情报分析

与战略情报相对的，战术性犯罪情报分析是针对案件侦查工作中一些具体的目标而进行的情报分析工作，是犯罪情报分析中基础性的分析，也是犯罪情报分析人员日常工作中最为主要的部分。战术性犯罪情报分析不只是专业情报分析人员的主要任务，侦查人员在案件侦查过程中进行的与案件侦查相关的分析工作也是战术性犯罪情报分析的有机组成部分。因此，侦查人员也需要掌握一些情报分析的方法和技巧。

本章所介绍的战术性犯罪情报分析方法是分析一些最基本的内容，主要包括：案情分析、并案分析，以及其他涉案数据分析。

第一节 案情分析

案情分析是案件侦查过程中必不可少的环节，侦查推进的过程以案情分析的不断深入为基础，侦查人员通过案情分析加深对案件的理解，也通过案情分析将侦查中收集到的各种情报信息进行综合，用以准确地刻画犯罪嫌疑人的特征，进而明确缩小侦查的范围。本节主要介绍案情分析的基本内容（涉案时间、地点、犯罪行为人和犯罪行为）和方法，以及案情分析的基本图表工具（案件分析图）的制作。

一、 案情分析的基本内容与方法

案情分析质量的高低直接影响着案件侦查进程的快慢，高质量的案情分析是顺利侦破刑事案件的重要保障。将案情分析纳入战术性犯罪情报分析的范畴，主要是考虑到案情分析完全符合一般犯罪情报分析的流程和方法，其分析的素材也是来源于侦查过程中收集到的各种犯罪信息，如犯罪现场勘查所获取的信息、调查访问中获取的信息及通过其他各种公开和秘密侦查措施手段所获取的信息等。

（一）涉案时间的分析

涉案时间所包括的范围很广，超越了传统意义上犯罪时间的概念，不仅包括犯罪嫌疑人作案的时间，也包括与犯罪行为有关的其他时间。对涉案时间的分析主要是指侦查人员依据侦查过程中所收集到的犯罪情报信息，对与犯罪行为有关的时间点、时间段的推断和研究。涉案时间是案件构成要素中非常重要的一个基本要素，不仅有证据方面的意义，还有非常重要的侦查价值，如通过案情分析推断出的作案时间是排查犯罪嫌疑人的重要条件，分析确定涉案时间对部署追缉、堵截等紧急侦查措施，缩小侦查范围，明确侦查方向以及审查证人证言和甄别犯罪嫌疑人的口供等也都具有十分重要的意义。

在犯罪事实没有真正搞清之前，对涉案时间的分析不可能精确到与事实时间完全一致的水平，只能最大程度地接近。对涉案时间的分析是一种综合性的分析，一般需要利用各种与犯罪时间有关的信息进行研究和推断，最后得出最接近客观情况的结论。

分析涉案时间主要的依据来源于 3 个方面：一是通过公开的侦查措施获取的情报信息，如来源于对犯罪痕迹物证中时间信息的挖掘、公开的调查访问所获取的情报信息等；二是通过对尸体进行法医检验分析涉案时间，如验尸报告；三是通过秘密侦查手段获取的情报信息，如来源于对犯罪嫌疑人的秘密监控、秘密调取犯罪嫌疑的通信资料等。

1. 通过公开侦查措施获取的情报信息分析涉案时间

（1）通过公开调查访问获取的情报信息分析涉案时间。案件中的被害人、报案人、现场发现人以及其他相关的证人掌握许多与案件有关的信息，其中就有很多与涉案时间相关的情报信息。但值得注意的是，在侦查中如果仅凭借证人证言分析推断涉案时间是比较危险的，因为证人在感知过程中会受到许多主客观因素的影响，如记忆能力、环境因素、心理因素等，其提供的时间信息很可能与事实相去甚远，因此，必须与其他信息相互印证，综合分析，才可能准确和科学。

（2）通过对犯罪痕迹物证中时间信息的挖掘分析涉案时间。任何物质都会随着时间的推移产生变化，而这种变化是有一定的规律的，侦查人员可以通过对犯罪痕迹物证中时间信息的挖掘，以及对痕迹物证随犯罪变化的规律的认识，分析推断涉案时间。

在侦查过程中，通过对犯罪痕迹物证中时间信息的挖掘去分析涉案时间是一条非常重要的途径。有的犯罪痕迹物证中的时间信息能直接反映出犯罪时间，在实践中还可以结合案件的具体情况，进一步缩小时间范围，也可以根据痕迹物品随时间的变化规律进行推断；有的能间接反映出犯罪时间。侦查人员一定要对其进行深入细致的研究分析。

（3）通过侦查实验结论分析涉案时间。客观事物都会随着时间的推移发生一定的变化，这些变化是有一定时间规律的，侦查人员可以利用与犯罪有关的事物在犯罪发生过程的变化推断犯罪发生的时间，而绝大多数与犯罪有关的事物的时间变化规律都需要通过侦查实验来获取。

2. 通过尸体的法医检验结论分析涉案时间

在凶杀案件中，通过对尸体的法医检验结果对涉案时间进行分析是比较科学而准确的途径，在此处涉案时间基本指的是人体死亡时间的分析，主要从 3 个方面入手进行推断。

一是根据人体的死亡征象进行推断，包括利用人体死亡以后随着时间的推移出现的尸冷、尸僵和尸斑等尸体征象，这些尸体征象在人体死亡后，会随着时间发生有规律的变化，因此法医可以通过对尸体征象的认识和分析，推断出较为准确的死亡时间。

二是根据尸体的胃内容进行推断。各种食物在人体的胃中会在一定时间内被消化和排空，法医可以根据尸体胃内容的状态，结合死者最后一次进食的时间，来推断人体大致的死亡时间。

三是根据尸体上各种昆虫的生长情况进行推断。尸体上最为常见的昆虫是蝇蛆，在人体死亡后，苍蝇会在很短时间内在尸体暴露在空气中的伤口和黏膜部位下蝇卵，随着时间的推移蝇卵会孵化成蛆，蛆结成蝇蛹，蛹破壳再变成蝇，从而完成其生命循环，而这些变化也是有时间规律的，法医也是通过尸体上的昆虫随着时间推移而变化的规律来完成对人体死亡时间的分析。

3. 通过秘密侦查手段获取的情报信息分析涉案时间

通过侦查人员跟踪、守候等一系列的秘密侦查措施获取的情报信息中，有大量的时间信息，如某犯罪嫌疑人在何时与某人见面或在何时进入了一个特定的地点等，这些涉及时间的情报信息往往比较准确。

（二）涉案地点的分析

对涉案地点的分析主要包括两个方面，一方面是对犯罪地点的分析，另一方面是对犯罪嫌疑人工作、居住地的分析。当然，在案情分析中，还会涉及许多与犯罪行为有关的地点，但这些地点往往不需要进行分析，通过情报信息可以非常明确地告诉侦查人员其具体地址，因此，可以不纳入地点分析的范畴。分析涉案地点的情报信息可以通过公开的侦查措施收集，也可以通过秘密侦查措施收集。

1. 对主体现场的分析

在多数情况下，这一问题不需要侦查人员进行分析判断，因为在大多数情况下发现犯罪的地点即是实施主要犯罪行为的地点。只有当案件可能有两个或两个以上的犯罪现场时，才必须判明发现犯罪的地点是否为实施主要犯罪行为的地点，即主体现场。如果确定了主体现场，不仅可以发现更多的痕迹物证，而且通过追查主体现场与某人的特定联系，常常可以查找到犯罪嫌疑人。分析判断是否为主体现场的方法包括以下几种：

（1）通过现场的反常情况进行分析判断。所谓反常情况，是指与应该发生的事件的自然过程相反的、相矛盾的情况。出现这些反常现象，说明尸体所在的地点并不是犯罪嫌疑人实施杀人活动的主体现场。

（2）通过犯罪现场的犯罪痕迹进行分析判断。通过犯罪痕迹可以分析犯罪行为的过程，通过行为过程的重建，就可分析判断其是否为实施主要犯罪行为的主体现场。在杀人案件中，被害人只要不是一击毙命，现场往往会有搏斗痕迹。现场有无此类痕迹，一般是确定是否为主体现场的重要依据。需要注意的是，研究现场有无搏斗痕迹，要与犯罪嫌疑人实施杀人的手段联系起来考虑。

（3）研究尸体或尸体附近的异常物质。异常物质是指尸体附着物和尸体附近有别于现场物质的其他物质。这类异常物质是判断发现犯罪地点并非主体现场的可靠依据。同时，也是寻找主体现场的重要线索。

（4）研究现场有无其他移尸迹象。某些移尸现场往往有明显的移尸迹象，这些移尸迹象甚至不用推断就可据以判明并非主体现场。如果没有出现这些迹象，尸体所在的地点很可能就是实施杀人的主体现场。移尸迹象不单是确定非主体现场的依据，也是查找主体现场的线索，通过循迹追索，往往可以发现杀人的地点。

此外，对犯罪地点的分析判断，还要研究犯罪嫌疑人选择的犯罪地点与周围环境、犯罪时间、犯罪对象之间的联系，以便作为确定侦查方向和侦查范围的依据。

2. 对犯罪嫌疑人居住区域的分析

近年来，国外一些学者利用人类地理学、环境犯罪学、犯罪心理学等理论，通过对犯罪地点特征的分析，确定犯罪行为人最有可能的居住范围，这种分析技术通常被称为犯罪地理画像（Criminal Geographic Profiling）。这是一个新型的分析理论和方法，对案件侦查有着重要的实践价值。但是，地理画像并不适用于所有的刑事案件，最为有效的适用范围集中于一些系列性的犯罪案件（如系列杀人案件、系列强奸案件、系列爆炸案件、系列纵火案件等）、涉及多个地点的犯罪案件及人口失踪案件。

在犯罪地理画像中有几个比较重要的理论，其中包括距离消减原理（Distance Decay Function）、布兰庭罕犯罪方式理论（Brantingham Crime Pattern Theory）等。

距离消减原理是指某些案件的犯罪行为人选择的作案地点往往在距离其居住地的一定范围内，过近或过远都会呈现一种消减状态。

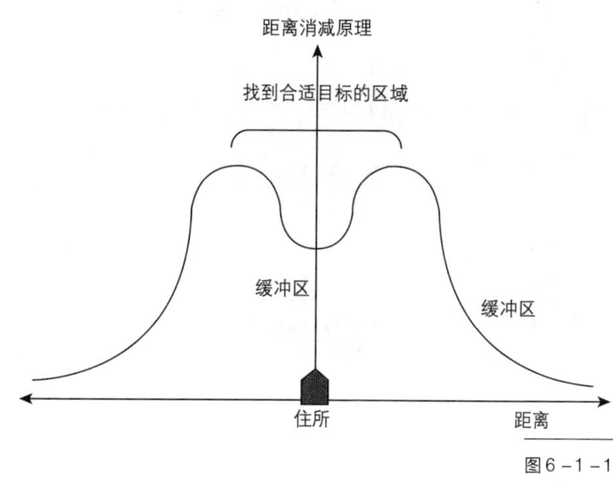

图 6－1－1

如图 6－1－1 所示，犯罪行为人找到侵害目标的区域一般不会在离家很近的区域，其峰值出现在距其住地一定的距离范围内，然后就逐渐消减。经过统计，国外犯罪地理画像专家发现不同性质的犯罪其峰值出现的范围是不同的。图 6－1－2 就是美国犯罪地理画像专家 Kim Rossmo 对几类犯罪的路程距离的统计，从图表中可看出斗殴犯罪发生的地点一般距离犯罪行为人居住地较近，均值不到 0.5 英里，而盗窃与抢劫犯罪距离犯罪行为人的居住地较远，分别为 1.6 英里和 2.4 英里左右。

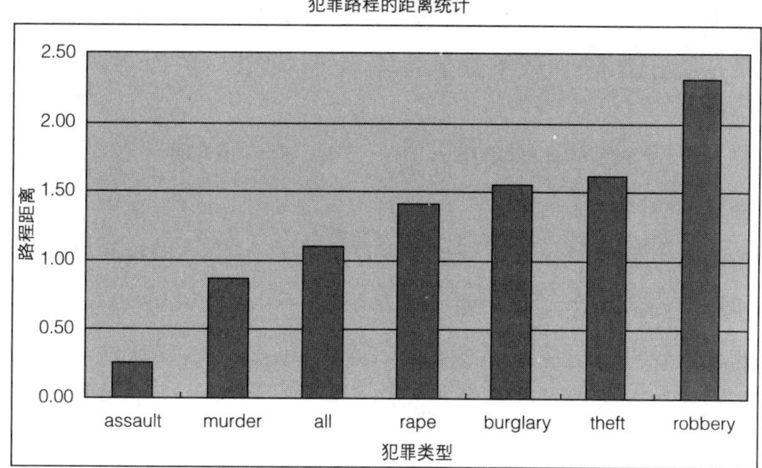

图 6－1－2

布兰庭罕犯罪方式理论（Brantingham Crime Pattern Theory）主要指出了犯罪行为人在实施侵害时，其犯罪目标一般会选择在其居住地点、工作地点和休闲场所三者路径中间区域进行活动的人员。

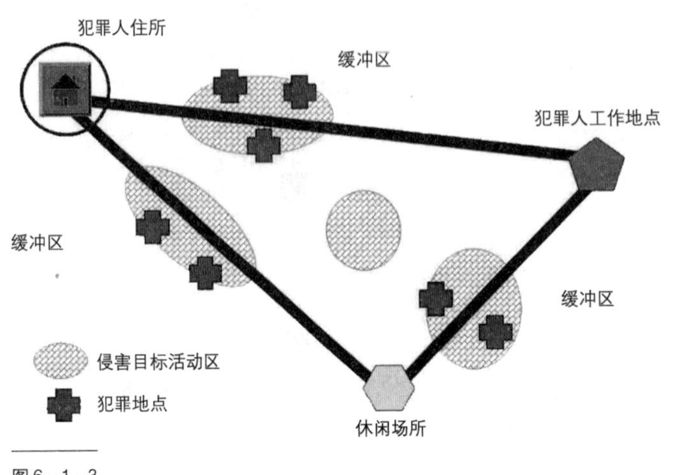

图6－1－3

如图6－1－3所示，布兰庭罕犯罪方式理论认为犯罪行为人在选择侵害目标时，一般会在其住所、工作地点、休闲娱乐场所三者之间的路径上，选择在三点连线形成的三角形中央区域中活动的人员作为侵害目标的较少，另外三角形外部为缓冲区，在这些区域进行选择的也较少。当然这只是统计数据的结果，是一般性的规律，在许多刑事案件中也会出现例外。

在美国犯罪地理画像专家 Kim Rossmo 博士的研究成果中，主要是以一些量化的分析结果为依据，通过对一些系列性的犯罪案件、涉及多个地点的犯罪案件及人口失踪案件中地理方面的量化分析，寻找出犯罪地点与犯罪行为人居住地之间的内在规律，如通过量化统计发现70%的系列纵火犯罪嫌疑人其犯罪地点距离其居住地都不超过2英里。图6－1－4就是一起系列纵火案中犯罪地点与犯罪嫌疑人居住地之间的关系，在该图中可明显看出绝大多数纵火现场都在犯罪嫌疑人居住地周围2英里的范围内（图中所示里圈部分）。

图6－1－4

而图6－1－5则是在该案中犯罪地理画像专家对犯罪嫌疑人居住地的地理画像图，原图中用不同的颜色来表示犯罪嫌疑人居住地位置的概率等级。图中标出了两个最有可能为犯罪嫌疑人居住地的区域（用最深色标示为A区），其中下方的区域就是犯罪嫌疑人所居住的区域，这是犯罪地理画像在实践中成功运用的案例。原图中其他颜色均为不同的概率，灰色为最低概率，仅为0.5%。

在杀人案件中，犯罪地理画像专家们将犯罪地点分为4类，即相遇地点（Encounter site）、攻击地点（Attack location）、杀害地点（Murder scene）和尸体处理地点（Body disposal site），分别用E、A、M、D表示。因此，在具体个案中就可能会出现8种结合类型，即

EAMD：相遇、攻击、杀害和尸体处理都在同一地点；

EAM→D：相遇、攻击、杀害在同一地点，尸体处理在另一地点；

EA→MD：相遇、攻击在同一地点，杀害、尸体处理在另一地点；

E→AMD：相遇在一个地点，攻击、杀害、尸体处理在另一地点；

EA→M→D：相遇、攻击在一个地点，杀害在一个地点，尸体处理在另一地点；

地理画像

图 6－1－5

E →AM →D：相遇在一个地点，攻击、杀害在一个地点，尸体处理在另一地点；

E →A →MD：相遇在一个地点，攻击在一个地点，杀害和尸体处理在另一地点；

E →A →M →D：相遇、攻击、杀害和尸体处理分别在不同的地点。

根据这 8 种结合类型再进行量化的统计分析，得出相关的一些规律。例如，米迪 · 特兰被杀案就是运用了地理分析准确确定了犯罪地点而抓获犯罪嫌疑人的典型案件。在英属哥伦比亚的基洛纳市，一个名叫米迪 · 特兰的 7 岁小女孩，于 1994 年 8 月 17 日晚上 7 时从家中骑自行车外出后一直未归，直到 1994 年 10 月 12 日有人在密西湾公园附近发现了该女孩的尸体，警方立即投入侦查。通过调查，在女孩家附近的街道边发现了该女孩所骑的自行车，也有群众反映在女孩失踪的当晚发现有一名男子将该女孩拉入一辆汽车中开走。图 6－1－6 中表示出女孩家所在位置、发现自行车地点、可疑汽车行驶方向和发现尸体的地点。

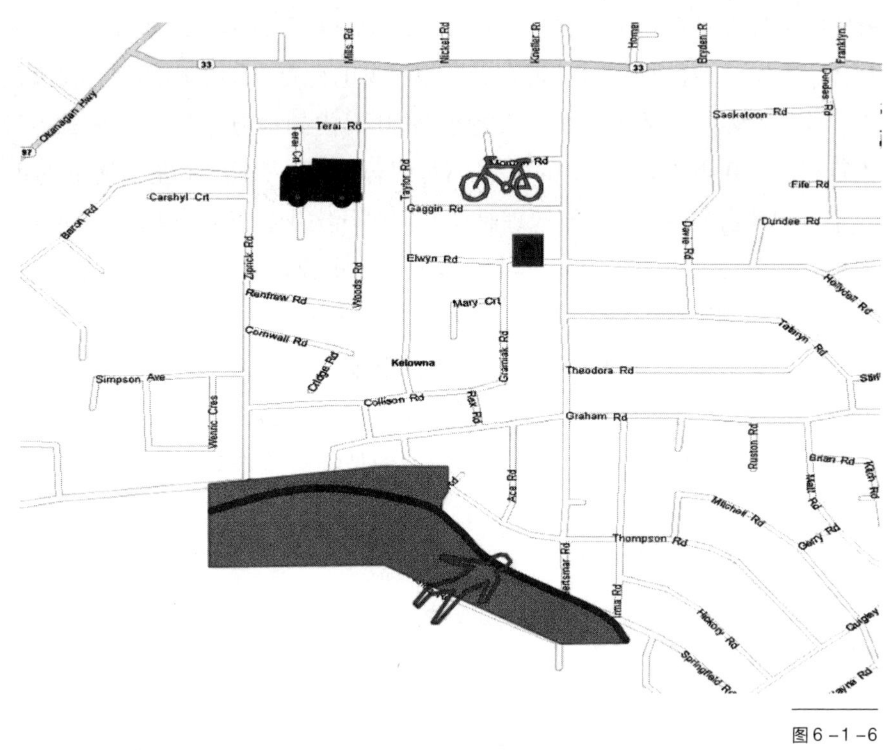

图6－1－6

在该案中，按照前述的犯罪地点分类方式，应属于 EA →M →D 这一类型，即相遇与遭到攻击在同一地点，被杀害在另一地点，抛尸又是单独的地点，该案中涉及三个犯罪地点。根据犯罪地理画像的量化统计研究结果，在城市内发生的较为典型的绑架杀害儿童案件中，犯罪行为人往往在被害人家附近与被害人相遇，将其转移到郊区后杀害，然后在杀害地点附近抛尸。因此，犯罪行为人往往生活在与被害人相遇地点所在的区域，而且在 29% 的案件中，犯罪行为人居住在邻近社区（18% 在离相遇地点 200 英尺内，35% 为 0.25 英里内），从相遇地点到杀害地点的距离可近（31% 的案件中少于 200 英尺）可远（43% 的案件中大于 1.5 英里），杀害地点和尸体的发现地点相近（72% 的案件中小于 200 英尺）。使用车辆的此类案件中，94% 的尸体被弃于室外，88% 的尸体弃于距某条公路或小路 50 码之内的地方（所有尸体都弃于距某条公路或小路 150 码内），57% 的案件中都对尸体进行了藏匿（其中埋于地下的占 12%，弃于水中的占 20%）。未使用车辆的此类案件中，

91%的案件都是在距被害人最后被看见的地点0.5英里内的地方发现的被害人尸体，97%的案件是在距被害人最后被看见的地点1英里内的地方发现的被害人尸体，98%的尸体被弃于距人行小路50码内的地方（所有尸体都被弃于距人行小路100码内），46%的案件中对尸体进行了藏匿（埋于地下的占5%，弃于水中的占17%）。犯罪地理画像专家在此案中，通过作案过程中对涉案犯罪地点的分类，根据量化统计结果确定了犯罪嫌疑人最有可能的居住地范围，通过在此范围开展侦查工作，很快发现了犯罪嫌疑人，侦破了此案。

当然，在犯罪地理分析中，如果仅仅依靠以往的统计数据进行分析判断就过于机械了，因此，国外的犯罪地理专家还提出，犯罪地理画像还要考虑其他一系列的因素，包括：犯罪行为人的类型；猎取攻击目标的方法；侵害目标的背景情况；人口统计学；土地使用情况；犯罪行为路线；犯罪行为的障碍；尸体转移的方式等。

（三）对犯罪嫌疑人的分析

对犯罪嫌疑人的分析也可称为对犯罪嫌疑人的刻画，是案情分析中非常重要的一项内容，它直接影响到侦查范围和侦查方向的确定。传统的分析主要包括对犯罪人数的分析、犯罪嫌疑人特征的分析，对于犯罪嫌疑人特征的分析所包含的内容非常庞杂，除了人身形象特征外，还可以是对其职业方面的特征、文化知识水平、语言特征等进行分析和研究。在一些恶性案件中，犯罪嫌疑人在作案后的一些反常表现也往往会被作为犯罪嫌疑人的特征之一进行研究。近些年，西方国家的犯罪心理画像技术被引入我国，不少专家学者开始利用犯罪心理画像技术对犯罪嫌疑人进行心理特征的描述和刻画，进而分析犯罪嫌疑人的其他特征，以帮助侦查人员更好地认识犯罪嫌疑人，在一些案件的侦查工作中起到一定的作用。

1. 对犯罪人数的分析

对犯罪人数的分析要关注痕迹物证所反映出的类型信息，如手印所反映出的人的类型信息（犯罪现场中手印纹线的粗细、磨损程度等）、足迹所反映出的人的类型信息（不同的鞋底花纹、不同大小的鞋印等）、工具痕迹所反映出的种类信息（同一类型的工具但型号不同，则应分析为多人作案，不同类型的工具则一般为 1 人作案）。另外，也要根据犯罪侵害对象的数量、体积等考虑为多人作案，如犯罪现场有知情群众、目击证人，通过对其的调查访问，也可获取有关犯罪人数的信息。

2. 对犯罪嫌疑人一般特征的分析

犯罪嫌疑人的一般特征主要包括其外在形象特征、职业特征、语言文字特征等。在侦查实践中，侦查人员往往最为关注形象特征、职业特征和语言文字特征，因为这些特征与犯罪嫌疑人有着内在的必然联系。对犯罪嫌疑人一般特征的分析主要依靠犯罪现场的痕迹物证以及对被害人、相关证人的调查访问结果，但是由于分析目标的不同，其研究的侧重点也会有所差异。

形象特征的分析主要依靠被害人与其他目击证人对犯罪嫌疑人的描述，但这种描述是有风险的，因为被害人与证人对犯罪嫌疑人的描述要经过感知、记忆、表达等多个环节，而每个环节都会受到主、客观各种复杂因素的影响。因此，必须结合其他方面的信息进行综合分析。除了证人证言外，还可以通过犯罪现场的痕迹物证的检验鉴定进行分析判断，如通过足迹的大小分析犯罪嫌疑人的身高、通过成趟足迹分析犯罪嫌疑人的步法特征和行走姿态、通过犯罪嫌疑人扛重物过程中在墙上留下的刮擦痕迹分析其身高等，总之，只要能反映犯罪嫌疑人身高、体态的痕迹物证都可以用于对犯罪嫌疑人的形象特征进行分析。

职业特征的分析主要依靠犯罪现场的痕迹物证，通过犯罪痕迹物证所反映出的与职业相关的信息进行分析判断。与职业相关的信息有的较为明显，有些与职业相关的信息在犯罪现场反映不明显，需要通过综合各种信息进行分析研究才能得出犯罪嫌疑人的职业特征（如长期从事某项工作使犯罪行为人养成的职业习惯等）。

语言文字特征的分析主要依靠被害人对犯罪嫌疑人口音的描述和犯罪嫌疑人书写的文字进行。在抢劫、强奸、杀人等刑事案件中的被害人与犯罪嫌疑人有一定时间的正面接触，被害人对犯罪嫌疑人的口音、用语会有所感知。犯罪嫌疑人的语言文字还可能通过其他途径被保留下来，如电话的通话录音、犯罪嫌疑人写的文字材料等，有的能反映出犯罪嫌疑人的方言特性，有的能反映出犯罪嫌疑人的书写习惯、文化水平等，为判断其所在的方言地域、受过的教育程度提供了科学的依据。

3. 犯罪心理画像（Criminal Profiling）

犯罪心理画像的称谓目前还不是非常统一，也有学者将其称为“行为画像”“犯罪现场画像”“犯罪人格画像”“作案人画像”等，如果从其英文名称（Criminal Profiling）直译为中文，应称为“犯罪画像”。但由于国内大多学者认为犯罪画像的外延太广，更愿意接受“犯罪心理画像”这一称谓。而且经典的犯罪心理画像也主要是以行为主义心理学的一些理论为依据，对犯罪行为人的行为特征进行的分析，因此，称之为犯罪心理画像更容易让人理解。

犯罪心理画像是一类对犯罪行为人个性特征进行推断的技术，侦查人员、物证技术专家、犯罪心理专家和社会科学家等都可能成为犯罪心理画像的参与者，他们通过对各自所掌握的犯罪信息的分析推断，都能为刻画犯罪嫌疑人的特征、缩小侦查范围及串并案件提供线索和依据。笔者将犯罪心理画像也纳入犯罪情报分析的内容中，一个重要的理由就是犯罪心理画像的过程其实也是一种情报信息的分析过程，从方法论的角度看也符合情报信息工作的一般规律和方法。

犯罪心理画像也属于一种分析技术，因此可以将其归为一种推断或推测，犯罪心理画像专家所得出的结论也并不一定是科学的结论，只能作为侦查人员的一种参考。大多数学术观点都认为目前的犯罪心理画像只是一种推理，而非科学研究。① 例如，《美国联邦证据法》第 702 条规定，犯罪心理画像的描述只是作为一个特殊的专业领域，而不像“德伯特”标准②那样。

犯罪心理画像技术最早产生于20 世纪60 年代末的美国，90 年代初引入我国。当时的心理画像技术属于归纳式画像（Inductive Criminal Profiling），这种归纳式画像是在大量调查研究的基础上形成的一种数字模型。后来，经

---

①［美］布伦特·E. 维特著：《犯罪心理画像》，中国人民公安大学出版社2005 年版，第 354 页。

②“德伯特”一词源于美国的一个司法判例，即 1993 年德伯特诉梅里尔．道药业案（Daubert V. Merrell Dow Pharmaceuticals，1993），“德伯特”标准包括：可证性、同行评估、错误率和通常可采性。

与法庭科学密切配合，在犯罪重建理论的基础上最终形成了演绎式犯罪心理画像（Deductive Criminal Profiling）。犯罪心理画像技术的运用范围要受到案件类型和犯罪现场客观条件的限制。最初，犯罪心理画像的研究主要是针对一些系列性的凶杀案件、系列性爆炸案件、性侵犯案件等。在 20 世纪 50 年代，美国每年都要发生 30 多起心理怪异的系列杀人案件，在被害人高达 5000 人时，联邦调查局（FBI）开始研究这些犯罪行为人的行为规律和心理特征，于 1972 年成立了行为科学部（Behavioral Science Unit），专门针对在押的系列性凶杀案件的犯罪行为人进行访谈和相关的背景调查，结合这些案件的犯罪现场、作案手法等，进行数据的统计和归纳，最终得到了一些规律性的模型，形成了新的侦查思路和方法。通过犯罪现场所能提供的信息，对犯罪行为人的犯罪行为进行分析，进而去推断犯罪行为人的心理特征，通过其心理特征去分析犯罪行为人的某些形象特征、家庭背景和其他的一些个性特征，这就是犯罪心理画像的过程。这种方法被运用于系列性凶杀案件的侦查工作中，取得了一定的效果。随着犯罪心理画像技术的发展和成功运用于侦查实践，美国大量的联邦执法机构和州执法机构都设立了犯罪心理画像部门，而且不仅在美国，在澳大利亚、加拿大、英国和荷兰等国家的执法机构中，也都成立了专门的犯罪心理画像部门。

犯罪心理画像的理论基础主要包括行为主义（Behaviorism）心理学理论和法庭科学（Forensic Science）。行为主义心理学理论在西方国家的心理学流派中占有绝对主导的地位，主要包括条件反射理论和学习理论，其中对犯罪画像理论的形成起决定作用的是美国心理学家华生（Watson）的学习理论。华生（Watson）的学习理论中提出，动物和人的行为都是学习的结果，所有行为都是通过经典的条件反射习得。具体来说就是人的行为是从偶然到必然、从随机到有序，逐渐地形成了一种稳定的行为反应模式。因此，犯罪行为人的犯罪行为实际是在其面临刺激时的一种行为模式，这种行为模式具有个性化与稳定性的特征，这就为通过犯罪行为结果去分析研究犯罪行为人的行为模式奠定了理论基础。在侦查实践中，犯罪心理画像专家就是根据刑事案件中犯罪行为的外部反应现象的特征，对犯罪行为人的个人条件进行刻画，帮助侦查人员缩小侦查的范围。法庭科学是将物理学、化学、医学、生物学等自然科学原理和方法运用到刑事司法活动中的交叉学科，法庭科学技术在物证的收集和检验方面具有常规侦查方法无法取代的地位。物质交换原理告诉我们，任何物体之间的接触都会进行相互的物质交换，尽管有的容易被人们认识，有的很难被发现，但从理论上讲，只要犯罪行为人在犯罪现场停留、活动，与被害人及现场物品之间发生联系，就必然要与犯罪现场进行物质的交换，侦查人员能够通过刑事技术手段发现和认识这种由犯罪行为所引起的物质交换。

犯罪心理画像专家们认为，将行为主义心理学与法庭科学结合起来，使得二者形成了类似侦查目的与侦查手段之间的内在关系，研究犯罪人的行为及其特征是犯罪心理画像的核心内容，而揭示犯罪行为特征的基本途径是法庭科学的方法手段。

（1）归纳式犯罪心理画像（Inductive Criminal Profiling）。归纳是从一系列的特殊情况得出一个一般性的结论的逻辑过程。归纳式犯罪心理画像是根据已破案件中的犯罪人、犯罪现场和被害人所提供的已知行为特征及其他人身方面的特征，来刻画现行犯罪案件中犯罪人的行为、犯罪现场和被害人特征的方法。在犯罪心理画像实践中，有两种较为常见的归纳论证方法：一种是归纳总结法，即从特殊到一般，具体来讲就是从对一些样本案件中有关犯罪特征的观察分析得出有关犯罪嫌疑人的特征的结论；另一种是数据论证法，是根据已有的犯罪统计学数据来推论特定的犯罪人的行为特征和其他人身特征，但是这种数据论证不是精确的，而是一种带有近似性的结论。总之，在归纳式犯罪心理画像中，对一个犯罪嫌疑人的犯罪心理画像是根据对一系列犯罪行为人的特征归纳得到的，犯罪心理画像专家根据对实施同类犯罪行为的犯罪行为人的相关特征和数据统计的研究而进行的推断，因此，归纳式犯罪心理画像得出的结论应当被作为一般性的犯罪特征来进行理解，它是数据统计或比较分析的产物，具有普遍性的意义。

归纳式犯罪心理画像所依据的数据来源主要有 3 个途径：一是对典型案例的研究或已破案件中被羁押的犯罪嫌疑人的访谈；二是犯罪心理画像人员的实践经验；三是其他各种信息资料。

在侦查实践中，归纳式犯罪心理画像取得了一些成功，但也存在容易被滥用的问题，如被害人身上有几十处锐器伤，犯罪心理画像人员根据数据的统计极易得出犯罪行为人脾气暴躁的结论，但是这个结论并不科学全面，因为当一个脾气温和的人由于长期积压愤怒，在某个特定的环境和事件中，一旦爆发和宣泄，也会在现场表现出类似的情形。

客观地看，归纳式犯罪心理画像也有其不可替代的优势，主要体现在两个方面：一是方法简便，对使用者的要求不高，不需要具备专门的刑事侦查方面的专业知识。二是画像的时间短、效率高，能为侦查工作争取时间。当然，其弊端也是显而易见的，首先，归纳式的犯罪心理画像得出的推论所依据的样本数据是有限的，从有限的样本中所得出的结论或数字模型并不具有针对性，只能是一种共性特征。其次，归纳式的犯罪心理画像过于机械而缺乏灵活性，用固有的模型去刻画个案中的犯罪嫌疑人的特征不符合案件复杂多变的实际，容易引起滥用和误导。因此，目前大多学者都主张在侦查中放弃归纳式的犯罪心理画像方法，而主张使用演绎式的犯罪心理画像方法。

（2）演绎式犯罪心理画像（Deductive Criminal Profiling）。演绎式犯罪心理画像是演绎推理的过程，在演绎推理的论证中，如果前提成立，那么结论肯定也成立。犯罪鉴识专家李昌钰博士说过：在演绎逻辑中，结论不可避免地从一个或多个前提当中推导出，如果这个前提是正确的，那么推导出的结论也应是正确的。演绎式犯罪心理画像是对犯罪嫌疑者系列特征的描述，这些特征是从一个或一系列相关案件中的物质证据或行为证据推理而来。[①] 在演绎式犯罪心理画像中更为关注犯罪行为的特殊性，即每个犯罪行为人和其所实施的犯罪行为都具有自身的特殊性，绝不能用简单的一般性模式来进行概括。因此，演绎式犯罪心理画像能够帮助侦查人员从不同犯罪行为人的共性特征中寻找到其个性的特征。

进行演绎式犯罪心理画像所需要的犯罪信息包括：犯罪现场物证、犯罪现场行为证据、对被害人进行研究所获取的相关信息、对犯罪现场特征的分析结论。在对这些信息进行全面的收集和评估后进行分析研究，提出初步的假设或推断，然后通过实验来验证假设，最后解释结果和形成结论。

---

①［美］布伦特·E. 维特著：《犯罪心理画像》，第42页，中国人民公安大学出版社2005年版。

演绎式犯罪心理画像不能视作一种精确而不变的结论，在侦查实践中，随着案件侦查的推进，侦查人员会不断发现新的证据或是在系列案件中又发生了新案件，此时必须根据新信息进行更为全面、准确的画像。可见，演绎式犯罪心理画像是一种动态的过程，对犯罪行为人的刻画是不断变化的而非一成不变的。

演绎式犯罪心理画像一般包括 4 个阶段：

第一阶段是刑事证据（主要包括物证和行为证据）的收集和评估。这一阶段的主要目的是收集各种证据材料（犯罪信息），并对收集到证据材料进行评估，明确哪些证据是可信的，哪些是不能确定的。

第二阶段是对被害人的研究。对被害人的研究要尽可能的详细，首先应当收集全面的被害人的信息，包括性别、年龄、身高、体重、家庭、朋友、社会关系、教育程度、职业、居住地点、邻里关系、生活经历、犯罪记录、习惯爱好、死亡前发生的各种事件等，然后根据收集到的信息对被害人进行深入研究，在凶杀案件中，对被害人的研究更为重要，它能使侦查人员从另一个侧面了解犯罪行为人的行为模式，同时也对是否能进行并案侦查作出正确的评估。

第三阶段是对犯罪现场特征进行分析。对犯罪现场特征的分析应包括犯罪行为实施的具体地点和类型、犯罪行为人与被害人的接触地点①、犯罪行为人的接近方法、犯罪行为人的攻击方法、犯罪行为人的控制方法、犯罪行为人使用的凶器、犯罪行为人实施犯罪时的暴力程度、被害人的反抗情况、性行为的过程及方式方法、反侦查手段、犯罪实施过程中的矛盾行为、犯罪预谋迹象、犯罪技能水平、犯罪行为人从现场带走的物品、犯罪行为人在现场遗留的物品、犯罪行为人的口头行为、犯罪行为人的习惯性技能、犯罪行为人的动机行为。通过对犯罪现场特征的分析，可以使画像人员或侦查人员熟悉与犯罪嫌疑人及其犯罪行为相关的信息，对犯罪行为的分析也是犯罪现场特征分析中不可或缺的重要环节。从实践价值看，对犯罪现场特征的分析

---

① 接触地点是指犯罪行为人在实施犯罪过程中与被害人进行接触的主要地点或攻击被害人的确切位置，如犯罪行为人故意设计的遇见被害人的地点以及发起攻击的地点、犯罪行为人将被害人拖至预先选好的现场等。

还可以明确犯罪行为的顺序（也可理解为犯罪现场的顺序），提示侦查人员找到更多的犯罪证据。

第四阶段是对犯罪嫌疑人的心理画像阶段。画像专家或侦查人员根据前面 3 个阶段所收集和分析的证据对犯罪嫌疑人进行特征的刻画，根据美国行为画像协会的解释，犯罪嫌疑人的特征是指侦查人员归纳出的对某特定犯罪事实负有责任的未知嫌疑人或相关人员的属性，包括物证的、心理的、社会的、地理的以及其他相关属性，它还包括对嫌疑人在犯罪前、犯罪中和犯罪后可能发生的行为预测。其中生理属性如嫌疑人的身高，心理属性如犯罪人在犯罪前、犯罪过程中、犯罪后的心理状态，地理属性如犯罪人的居住地，社会属性如被指控的同伙关系类型，相关属性如犯罪人同被害人之间关系的性质，犯罪人可能行为的预测如犯罪人是否返回犯罪现场，等等。①

演绎式犯罪心理画像可以从犯罪嫌疑人的普遍特征中针对个案精炼出更为确切的个体特征，使侦查人员能了解个案中的犯罪嫌疑人的大致特征。但是，演绎式的犯罪心理画像并不能具体指向某个特定的犯罪嫌疑人或将某个特定的犯罪嫌疑人从众多的嫌疑人中甄别出来。

演绎式的犯罪心理画像比归纳式的犯罪心理画像更具科学性，但其也存在着自身的一些弱点。通过画像对犯罪嫌疑人的分析并不全面，不能完全取代系统的犯罪分析。另外，犯罪心理画像也缺乏根据一定规律进行犯罪预测的能力。

（四）对犯罪行为的分析

对犯罪行为的分析应该包括分析行为的内容、顺序和方式方法，具体分析内容为犯罪行为人在实施侵害前的预伏，侵入现场的部位、方式，犯罪行为人在现场中心的活动内容、顺序和方式，犯罪行为人在实施侵害后从什么地方逃离以及逃离的方向、路线等。其中，对方式方法的分析是在对行为内容、顺序的分析研究后的一种综合提炼，是对犯罪行为中带有犯罪行为人个性特征信息的一种研究。对犯罪行为的深入分析研究，对于分析判明案件的

---

①［美］布伦特·E. 维特著：《犯罪心理画像》，第 605 页，中国人民公安大学出版社 2005 年版。

性质、确定侦查方向、范围和鉴别犯罪嫌疑人口供的真伪等都具有极其重要的意义。从总体上看，分析判断犯罪行为的信息来源主要包括两类：一是现场物证和行为证据（包括现场物质的增减变化、物品的位移及翻动迹象等），二是事主、被害人及其他相关证人的证言。

在传统的刑事侦查方面的教材或著作中，犯罪行为分析是案情分析中非常重要的内容，但很少上升到情报信息分析的层面进行论述，大多是分析犯罪行为的内容、过程中的几个主要环节，对分析依据的阐述在理论性和系统性方面较差。因此，笔者认为，必须将对犯罪行为的分析上升到情报信息分析的层面进行认识，利用情报分析的理念和方法对犯罪行为进行分析研究。

1. 对犯罪行为的情报信息分析模式

在论述犯罪行为的情报信息分析模式前，有必要对洛卡德（Edmond Locard）的物质交换原理进行简要的阐述。人体测量法的创始人法国著名的侦查专家阿方斯·贝蒂隆的学生埃德蒙·洛卡德博士，在长期的研究基础上于20世纪初提出了一个对刑事科学技术有着重大贡献的理论，即一旦两个客体相接触，他们之间必然要发生物质的交换。后来，这个理论被学术界称为物质交换定律。洛卡德相信，在犯罪案件中，如果犯罪行为人与现场的物体或被害人发生接触，那么他们之间必然要出现物质的交换，侦查人员可以通过寻找、记录和检验这种物质的交换所引起的相关证据和特征，去发现和证实某犯罪嫌疑人是否与某特定空间、物证及被害人有关。继而，通过发现这种现场的物质交换就能分析判断出犯罪嫌疑人与特定空间、物体及侵害对象之间的因果关系，这也是侦查中的典型的逆向推理的过程，即通过“果”去寻找“因”。

既然发生在某一特定空间内的犯罪行为必然会对客观环境即这个空间造成一定的变化，那么通过对这种变化的研究就可以分析出发生在犯罪现场的行为，如果将所有与行为相关的变化看作与行为相关的情报信息，那么分析推断犯罪行为的过程也就是一个情报分析过程，这也就是犯罪行为的情报信息分析模式。在这种分析模式下，不是从犯罪现场发生的犯罪行为中的几个环节为视角进行分析，而是从信息的收集、信息的评估、信息的分析、结论的得出与修改等环节来全面系统地研究犯罪行为。

（1）与犯罪行为相关信息的收集。与犯罪行为相关的信息来自现场的物证及证人证言，侦查人员必须全面系统地进行收集所有与犯罪行为相关的信息。

在侦查实践中较常见的一个问题是，侦查人员（包括刑事技术人员和负责案件侦查的侦查员）在现场勘查过程中过于重视鉴定型的痕迹物证，而忽视对一些非鉴定型的痕迹物证的收集与分析。鉴定型的痕迹物证对认定犯罪嫌疑人有着非常重要的意义，甚至可以直接破案，其价值不言而喻。但非鉴定型的痕迹物证也有其特殊的价值，对于犯罪行为的分析能起到非常重要的作用。例如，在凶杀案件现场，侦查人员总是希望寻找到犯罪嫌疑人杀人后在现场留下的血指纹、血掌印或血足迹，对其他被害人的血迹（血滴、血泊、喷溅血迹等）往往并不重视，因为犯罪嫌疑人的血指纹、血掌印和血足迹反映了犯罪嫌疑人的个人特征，能认定犯罪嫌疑人，而其他被害人的血迹则不能认定犯罪嫌疑人，但被害人的血迹形态能为分析杀人行为过程提供大量的信息，血滴的形态可以反映出被害人在遭受侵害时的运动状态、受伤部位距地面的距离等。正是出于以上的考虑，在现场勘验过程中，刑事技术人员应从侦查的视角出发，不仅对鉴定型的痕迹物证进行固定和提取，还应详细地记录犯罪现场中的非鉴定型的痕迹物证，也只有这样才能使犯罪行为的分析工作有科学系统的依据。

与犯罪行为相关信息的收集，具体应包括以下几方面的材料：犯罪现场勘验检查工作记录、现场照片、现场录像、现场图、痕迹物证鉴定书、尸体检验照片、尸体检验录像、尸体体验报告及伤情鉴定书、询问笔录和询问录音。

（2）与犯罪行为相关信息的评估。信息的评估是确保分析结论准确的基础保障，通过犯罪现场勘查及相关的调查所获取的材料需要对其准确性和分析价值进行评估。

所谓准确性，就是这些证据材料及专家鉴定结论的客观性和科学性评价。对于现场勘查记录（包括现场笔录、现场图、现场照片及现场录像）主要应审查其记录的是否为现场的原始状态，现场笔录、现场图、现场照片及现场录像之间是否有矛盾之处，记录的方式方法是否符合要求，如使用数码照相机和数码录像机记录则应重点审查是否有编辑的痕迹。对于询问笔录主要应审查询问方法是否合理合法，询问中是否采用了非法的手段，证人证言的可信度是否进行了审查等。对于痕迹物证鉴定书及尸体体验报告及伤情鉴定书应审查鉴定人是否具有鉴定资格，鉴定过程是否科学，物证的移送过程中是否会对物证产生污染和损失等。

所谓分析价值，就是这些证据材料及专家鉴定结论在犯罪行为分析中的地位及重要性评价。总体上看，物证的分析价值比证人证言更高一筹，相对而言物证的客观性更强，这是由于证人证言材料的形成需要经过证人感知、记忆、陈述及侦查人员记录等多个环节，会受到感知事件时的环境、证人感知能力、记忆能力、陈述能力及侦查人员的记录能力等各种主客观因素的影响，即使证人有积极的作证意识，但所提供的证词也不一定准确。因此，在犯罪行为分析过程中，物证是首先应考虑的分析依据。当然物证的客观性也是相对于证人证词而言的，其要受到提取方法、保存方法、鉴定方法是否合理科学的影响。

（3）与犯罪行为相关信息的分析。犯罪行为相关信息的分析包括3个环节，即分析推断、假设检验和形成分析结论。分析推断的环节是侦查人员根据收集到的与犯罪行为相关的全部信息，在评估后，用归纳和演绎推理的方法进行分析推断，得到一个初步的结论，初步结论是对犯罪行为局部环节的研究和解释，并不是全面系统地对犯罪行为的分析，如对犯罪初始阶段的分析、对主要犯罪行为实施过程中某环节的分析等。假设检验环节是侦查人员对得出的初步结论通过实验的方法进行验证的过程，当然并不是所有的分析结论都需要通过侦查实验进行验证，但对于一些关键性的分析结论或是有疑问的分析结论应当进行侦查实验，通过实验来验证对于犯罪行为分析结论的正确性。分析结论的形成是在对初步结论进行验证后，进行的修正和补充。然后将所有的局部环节进行整合，全面系统地对犯罪行为进行分析研究，得出相关的结论。对犯罪行为的分析结论并不是机械的、不变的，侦查人员在收集到新的物证、行为证据及证人证言后，就应当重新对犯罪行为进行分析研究。同时，也应当认识到对犯罪行为的这种演绎式的分析模式下得出的结论永远都不可能是非常精确的，要用辩证的观点去对待。

2. 犯罪现场重建的理论与实践

犯罪现场重建（Crime Scene Reconstruction）是侦查人员利用对物证的检验分析及对证人证言、犯罪嫌疑人的供述、被害人的陈述对特定犯罪空间中所发生的犯罪行为过程的一种推断。随着时间的推移，任何发生的行为都是不可逆转的，这种行为的重建其实是一种理论上的重建，因为推断出的结论永远不可能与发生过的行为丝毫不差。但是，侦查工作对重建的要求不需要精确到如此程度，犯罪现场的重建只要能达到侦查、起诉、审判的要求就可以说是成功的重建。

（1）犯罪现场重建概述。对犯罪现场重建的定义目前还没有一个统一的认识，美国犯罪现场重建协会的定义是：犯罪现场重建是运用科学方法、物证、合理的逻辑推论，以及它们之间的相互关系来获得对一系列犯罪情节的明确认识。犯罪重建专家 W. J. 威特认为：犯罪重建实质上就是对犯罪过程的描绘、刻画和思维再现。美籍华裔法庭鉴识专家李昌钰博士认为：犯罪现场重建是指通过对犯罪现场的痕迹、物证的位置和状态的分析及物证的实验室检验，从而确定或者排除在犯罪现场发生的事件和行为的过程。国内专家学者在犯罪现场重建理论方面也有不少的研究，郝宏奎教授认为：犯罪现场重建是指基于犯罪现场的痕迹、物证的位置和状态及其相互关系的考察分析，以及对物证的实验室检验结论的利用，结合所获取的相关客观事实，合乎逻辑地以抽象、形象或实物模拟的方式，重新构筑犯罪现场所发生的犯罪内容和犯罪过程，并探明与之相关的犯罪行为人的个人特点和犯罪条件的侦查活动。王大中教授将犯罪现场重建称为“犯罪现场再现”，并将犯罪现场再现定义为：是指侦查人员在现场勘查中，依法运用各种科学手段、方法，分析犯罪行为，在思维中、在实物模型中去构建或模拟一个犯罪现场，重新认识犯罪行为得出新的侦查思路的侦查或勘查行为。综合以上国内外专家学者的观点，不难看出，至少在重建的流程上是趋向一致的，也就是说，重建是通过对相关信息的收集，用科学的分析方法和逻辑推理，得出的结论，因此，研究犯罪现场重建完全可以从情报信息分析的角度进行，其本质也是对犯罪行为的分析，是在侦查过程中的一种战术性的情报分析工作，这也是将其列入本章的主要原因。

犯罪现场重建理论最早产生于美国，在20世纪90年代初，由传统的现场分析理论发展而来。1991年，由俄克拉荷马州和德克萨斯州的一些刑事专家发起成立了美国犯罪现场重建协会。该协会的宗旨是对犯罪现场重建理论进行系统的研究，指导侦查人员更加合理地认识犯罪现场各要素及相互之间的内在联系，从而更好地侦破案件和提高诉讼的质量及效率。该会目前有会员350余人，主要来自美国各州执法机构和法庭科学实验室。犯罪重建理论产生后，立即在美国刑事司法领域产生了重大而深远的影响，不仅刑事侦查部门把它作为一种分析案情、确定侦查方向的基本手段，控诉方、被告方和法官也将其视为法庭上认定案件事实的基本方法，将重建结论作为提出控诉或辩护的重要事实依据。

在侦查实践中，犯罪现场重建有许多不同的类别。依据重建的犯罪行为的性质不同可以分为不同犯罪案件的现场重建，如爆炸案件现场重建、杀人案件现场重建、纵火案件现场重建、强奸案件现场重建、交通肇事案件现场重建等。依据重建的犯罪行为程度的不同可以分为犯罪瞬间状态重建、犯罪情节片段重建、犯罪情节整体重建、犯罪行为全程重建。依据重建中所要解决的问题的不同可将犯罪现场分为以解决位置关系问题为目标的现场重建、以解决行为方式为目标的现场重建、以解决行为顺序或过程为目标的现场重建、以解决犯罪人数为目标的现场重建。① 需要明确的是，并非所有的犯罪现场都有必要进行犯罪现场重建。有的犯罪现场缺乏足够的重建信息，导致重建无法进行；有的犯罪案件案情简单，不需要通过重建也足以顺利高效地进行诉讼，因此无必要进行现场重建。

（2）犯罪现场重建的步骤。犯罪现场的重建首先是证据的个别重建，在此基础上运用适当的证据重建犯罪事件的每个局部环节，然后把它们按特定的时空顺序联结为一个整体，展现犯罪发生的过程。具体的工作步骤包括重建信息的收集、重建信息的评估与分析、犯罪过程的推断与假设、结论的验证与修订。

重建信息的收集主要是指对犯罪证据的识别、犯罪证据的记录、犯罪证

---

① 郝宏奎：论犯罪现场重建，载于《犯罪研究》2003年第4期，第14—16页。

据的收集以及对犯罪证据的检验鉴定，所有对犯罪现场重建有用的信息都是重建犯罪现场的基础，大多数重建信息来自犯罪现场，因此，高质、高效的犯罪现场勘查工作对犯罪现场重建工作有着极为重要的意义。犯罪现场原始状态的记录，犯罪物证的发现、记录、提取以及保管、运送、检验、鉴定，对被害人和证人的访问，对犯罪嫌疑人的讯问等，都应当按照重建信息收集的标准认真进行。这是因为许多犯罪重建专家没有亲临犯罪现场，只是依靠重建信息进行分析和重建，如果重建信息不全面或有瑕疵，就会直接影响现场重建的准确性。

重建信息的评估与分析主要是指对重建信息的准确性进行评估和对证据的分析研究。关于犯罪信息的准确性评估方面的内容在本书中已有全面阐述，在此就不再一一赘述。对证据分析研究是指针对具体的证据（主要是现场的物证），从其证明意义的角度进行的分类和解释。众所周知，大多数的证据都用以证实一些具体的与犯罪相关情况，如指纹、足迹、毛发、人体组织、体液、弹头、弹壳、毒品等都可以通过检验鉴定查明其来源和物主身份，以此来证明特定的对象是否与犯罪行为有关，这是从认定同一的证明角度进行的分析。但仅仅作出这样的分析是不够的，因为犯罪证据的利用有多种角度和多个层次，绝大多数的犯罪证据还具有确定行为或事件发生顺序、发生位置和运行轨迹等作用，并以此证明犯罪现场中的某个特定物体与另一个物体或犯罪行为之间的关系，这是从关联性的证明角度进行的分析。同时，许多证据还可以证明某特定物品在犯罪过程中的作用，如木棍上的血迹、毛发、脑组织证明了该木棍在某凶杀案件中起到凶器的作用，这是从证据的功能的证明角度进行的分析。犯罪证据还可以从时间性的证明角度进行分析，这是由于所有的事物都会随着时间的推移发生变化，而且这些变化具有一定的规律性和稳定性，因此可以利用犯罪证据的这一特性来证明事件发生的时间，如通过血迹随时间变化的规律来证明凶杀案件发生的大致时间等。

犯罪过程的推测与假设是在分析重建信息的基础上，依据重建内容的范围，对某些犯罪瞬间状态、犯罪情节片段、犯罪情节整体或犯罪行为的发生过程与方式等情况作出初步的推测性解释，这种推测仅仅是事物发生的或然的、可能的状态，为了防止下一步的假设先入为主或由于思路局限而使假设陷于偏颇，这一步必须尽可能考虑到各种可能性。然后在推测出的种种可能性中捕捉有足够的事实基础和证据支持的可能，使推测更进一步，形成假设。有时对同一问题可以形成两种甚或更多的假设，待求证阶段深入研究。

结论的验证与修订。假设形成后，就需要对假设的科学性、客观性进行验证。对假设的验证不仅要借助于事实与证据，也要借助于逻辑推理，必要时应当进行相应的侦查实验加以验证。在验证中，一方面要考虑支持假设的依据是否充分，另一方面也要验证假设的唯一性问题，是否可能出现“一果多因”的情况。经过充分的验证后，就可对某些犯罪瞬间状态、犯罪情节片段、犯罪情节整体或犯罪行为的发生过程与方式等情况作出具体的结论，完成犯罪现场的重建工作。

二、 案件分析图

在案情分析过程中，案件分析图是必不可少的工具，通过案件分析图可以集成案件中诸多构成要素的信息，可以明确勾勒出案件发生、发展的过程，为案情分析提供必要的支持。

（一）案件分析图概述

在侦查工作的初期，往往会用到关系图、事件图、流向图等工具进行分析，但随着侦查工作的推进，就需要将案件中各种构成要素进行信息的集成，这时就需要制作案件分析图帮助侦查人员对案件进行深入的分析。案件分析图由一些需要分析的案件构成要素组成，包括时间、地点、人物、事件等，分别用时间线、圆形框、矩形框、三角形框、主题连线等表示，图 6-1-7 就是一张案件分析图。

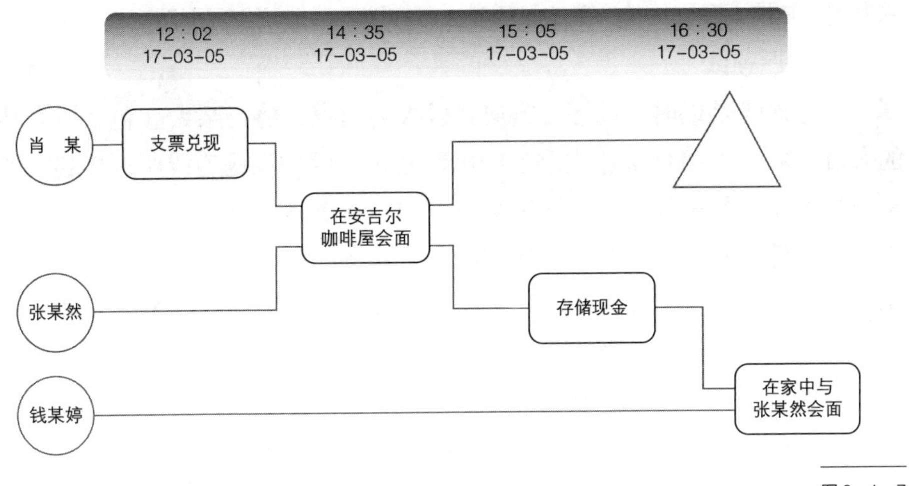

图 6－1－7

在这张图中，包括了 3 个涉案犯罪嫌疑人肖某、张某然和钱某婷，还有一系列的事件，即支票兑现、在安吉尔咖啡屋会面、存储现金、在家中会面，每一事件发生的时间都用时间线表示出来。因此，案件分析图不是单纯的某一类分析图，而是一种综合图。

一起刑事案件的侦查过程中，可能需要绘制许多的案件分析图，原因主要有两个方面：一是案件侦查是一个过程，侦查初期由于侦查人员掌握的犯罪情报信息较少，对案件的认识是有限的，有的甚至是不正确的，因此，在不同的侦查阶段，需要制作不同的案件分析图；二是一起刑事案件的侦查过程，需要研究和关注的问题很多，很难用一张案件分析图解决所有的需要研究的问题，因此，在案件侦查中需要制作许多不同的案件分析图。

（二）案件分析图的构成

1. 时间

在案件分析图中，时间一般可以用时间线来表示，图 6－1－8 就是用时间线表示的时间。每个涉案事件在图中都以时间为标准进行排序，即简单明了，又便于理解，相对于直接标注在事件框内要更为规范。

2. 人物

在案件分析图中，人是最为主要的构成之一，一般包括被害人、犯罪嫌疑人、其他相关知情人和证人等。无论是哪类人，在图中一般都用圆形图形框表示。

3. 主题连线

主题连线是以时间顺序为方向，以人为起点，将与某人（包括所有涉案的人员）相关的事件都用主题连线串联起来，因此主题连线所连接起来的都是与某人相关的事件，这对于理清案件中相关事件的脉络有着重要意义。如果人与事件之间或事件与事件之间的联系是已经被侦查人员查实的，那么就用实线进行连接。如果人与事件之间或事件与事件之间的联系是未被查实的或是一种假设和判断，就应当用虚线表示，这种虚线状态的主题连线也被称为假设性主题连线。在图 6－1－8 中，有 3 条主题连线，其中，史某为起点到第一个事件框“进入该邮局”之间为虚线，表示的是史某与该事件之间的关系还不明确，也就是说，史某是否进入了该邮局还不能肯定。可见，该主题连线应属于假设性主题连线。

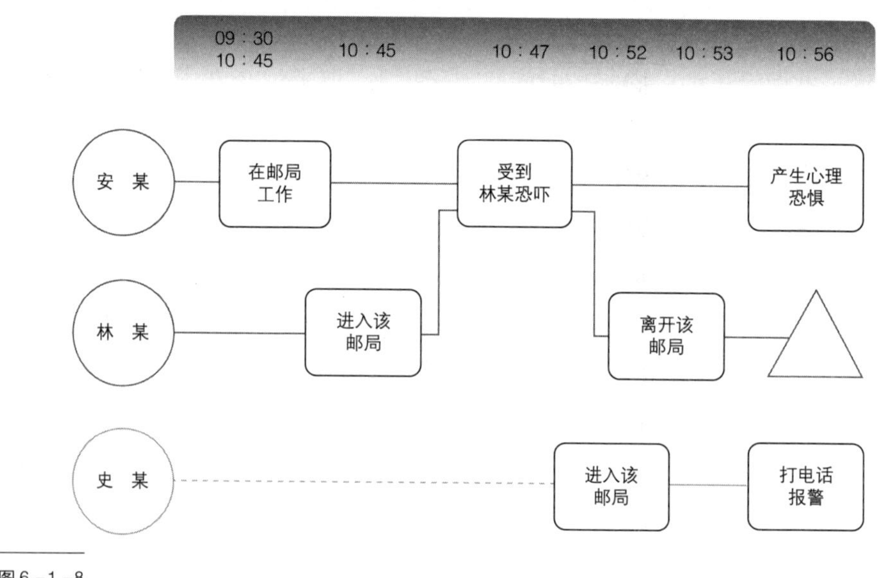

图 6－1－8

主题连线可以用不同的颜色来表示，一般情况下以不同的人或组织为起点的主题连线可以用不同颜色的连线以使案件分析图更清晰。

4. 事件

每个与案件相关的事件都在一条以人为纽带的主题线上，并以时间为顺序进行排列。如果有多个人与某个事件相关，就需要有多条主题线穿过事件框。在图6－1－8中，安某和林某都与“安某受到林某恐吓”这一事件相关，所以有两条主题线穿过这一事件框。事件一般都用矩形文本框表示，但对于一些未知的事件，可以用三角形空白框表示。

图6－1－9所分析的是一起恐吓案件发案的过程，主要涉及3个涉案人员，安某是被害人，林某为犯罪嫌疑人，而史某是报案人，期间有一系列的事件，事件的发生时间用统一的时间线表示，图中的三角形图形框表示的是未知的事件。林某在离开该邮局后的动向侦查人员还没有调查清楚，因此就用了空白三角形框来表示这一含义。

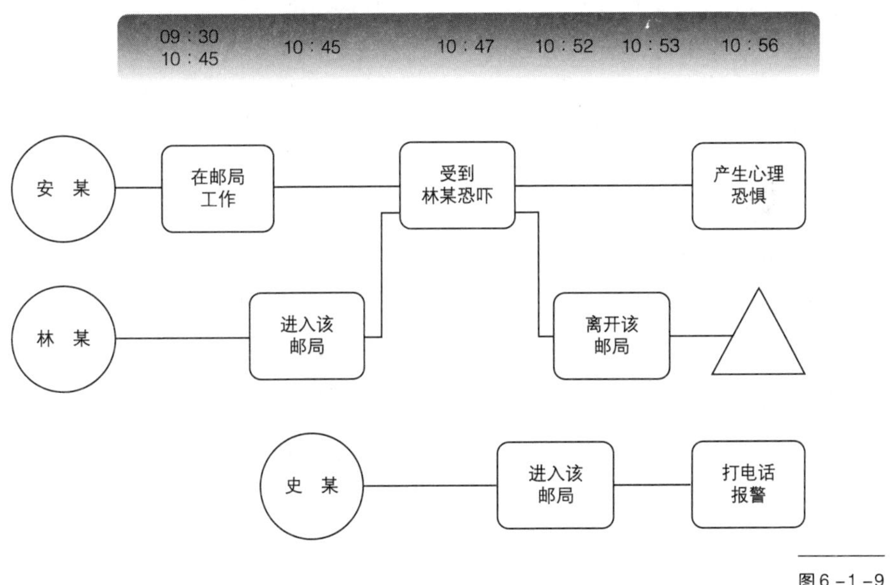

图6－1－9

案件分析图中的事件文本框还有另一种形态，就是用虚线表示的事件文本框，其含义是指文本所描述的事件是侦查人员根据所掌握的情报信息推断出来的，还没有非常确切的证据可以证实事件的内容。图6－1－10中，韩某被林某杀害这一事件用的是虚线形态的事件文本框，就表示这一事件的内容是侦查人员根据现有的情报信息进行的一种推断，还没有充分的证据证明该事件。

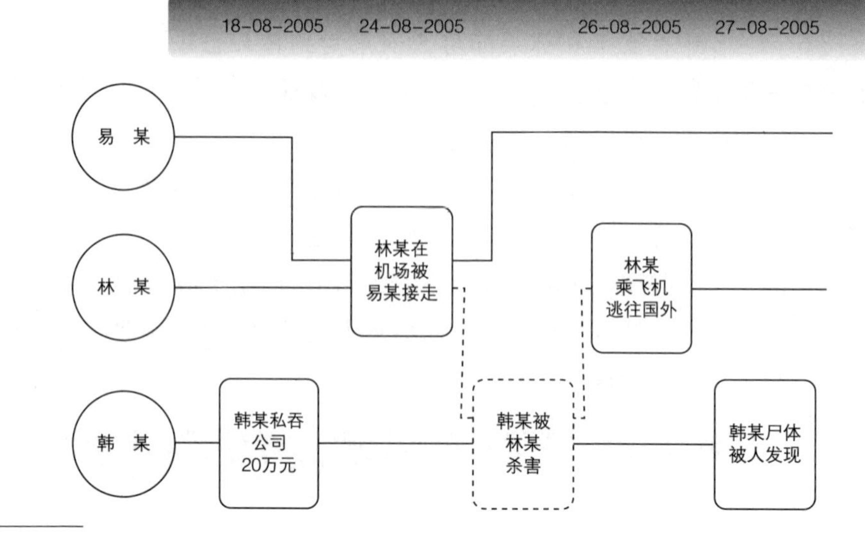

图6－1－10

（三）特殊形式的案件分析图

案件分析图中除了前面所看到的以人物为起点外，还有以法人组织为起点的分析图，在图6－1－11中，前两个主题线的起点都是法人组织，一个是北某钢铁集团公司，另一个是北某工程建筑公司，而且在事件文本框中，也包含了更为丰富的内容，和普通案件分析图不同的是，事件文本框分为3个区域，上部为事件内容，下部左边为情报信息的真实可靠性的级别，下部右边为情报信息表的编号。

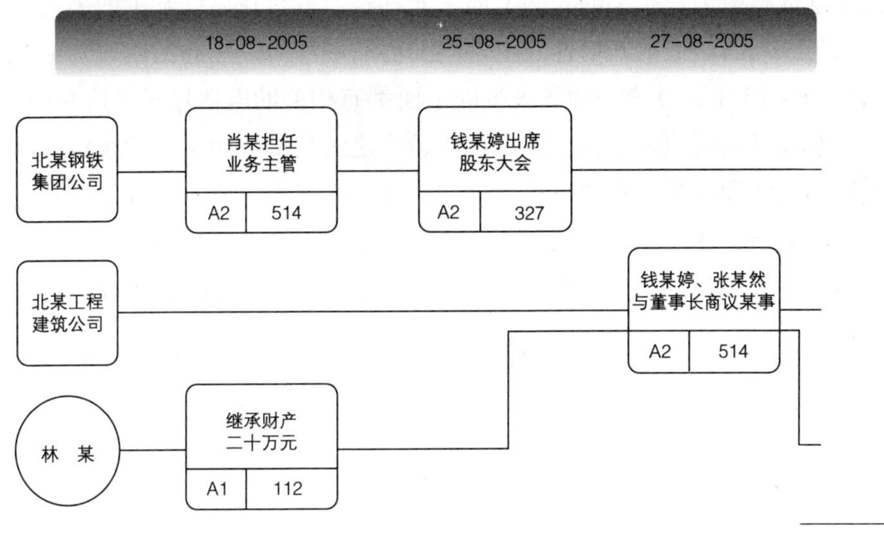

图6－1－11

为了使事件文本框所包含的内容更丰富，有的案件分析图中，事件框中除了事件内容外，还可以包括情报资料提供者的种类、情报信息表编号、情报信息来源、日期、具体时间等内容，使得对事件的描述及相关信息更全面。在案件分析图中，尽管有的事件还没有完全被查实，但其发生只有两种或几种可能性，因此分析图也可以将这几种可能性都体现在图中，以并列的事件文本框的形式出现，在图6－1－12中，对钱某婷是否出席股东大会的情况还没有掌握，但只会有两种可能性，要么钱某婷出席了股东大会，要么没有出席股东大会，因此，可以将这两个事件都画入分析图中，以并列的方式与之前、之后的事件连接起来。

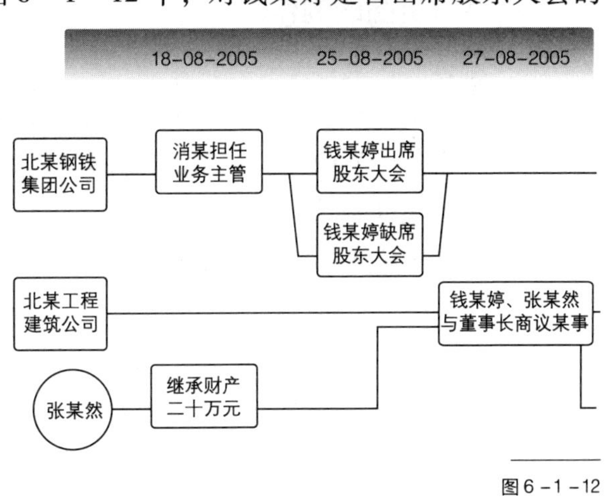

图6－1－12

案件分析图中，在主题线的起点除了包含人的信息外，还可以将与人有关的电话信息资料附加在相关的人的上面，尤其是当分析在后续发生的事件中表示出人与人之间的通话和事件发生之间的前后顺序时，用此法就成为必然。在图6－1－13中，在3个涉案人员的下面都有相关的电话号码，这些号码是3个涉案人员家的固定电话，图中在主题线之间的带方向标志的线条表示的是电话的主叫和被叫，由图可见，上午9时，郭某为主叫方、叶某为被叫方通过一次电话，然后在11时30分，叶某为主叫方、郭某为被叫方又通过一次电话，之后，在11时33分，郭某为主叫方、罗某为被叫方通过一次电话。

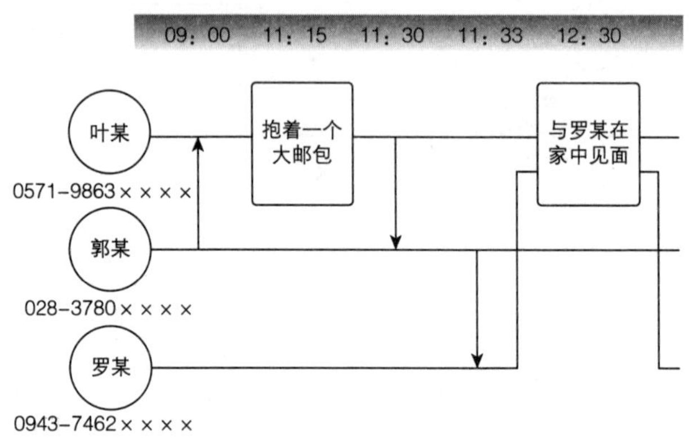

图6－1－13

三、 案件分析图的制作

（一）仔细阅读与案件有关的犯罪情报信息资料

在制作案件分析图之前，必须将所有与案件有关的资料信息进行阅读和研究，包括与案件有关的人、物、时间、地点、事件、电话通信资料等，对相关资料分析研究得越深入，对制作案件分析图就越有利。

（二）讨论确定案件分析图的分析主题

案情分析只是一个大的主题，在实践中，制作案件分析图必须根据侦查部门的需要和所掌握的资料，讨论确定案件分析图的具体主题，也就是该分析图所要表示的内容和目标，如通过分析图集成犯罪嫌疑人作案的过程的所有信息、案件发生和发现的过程、犯罪嫌疑人实施作案前的预备过程等。只有确定了分析的主题，才能对相关资料进行筛选，并有目的地进行分析图的制作。

（三）确定主题连线及其顺序

在确定了分析主题后，应将具体的主题连线起点的内容、分类进行确定，并按照合理的逻辑顺序在图上进行排列，如起点是人的话，可按照犯罪嫌疑人、被害人、报案人、发现人的顺序，从上至下在图中进行排列，如在分析中还要涉及涉案人之间的通信联系方面的信息，则可以在相关人下面标示电话号码。

（四）绘制时间线及事件文本框

根据事件所涉及的时间点在分析图的上端绘制时间线，时间线中的时间点必须包括事件发生的时间，并将事件文本框按照主题及时间顺序在图中进行排列，如第一条主题线是被害人，则可以将与被害人相关的事件按发生的时间顺序在主题之后横向进行排列，每个事件框按其发生时间与时间线的时间点对齐。

（五）审核分析图

在绘制完成后，应对案件分析图进行细致的审核检查，主要应与其依据的情报信息进行比对，找出图中与情报信息不符的地方并进行修改。另外，也要对图中各个主题线及事件文本框排列顺序的合理性进行检查和调整。

第二节

并案分析

在日常发生的刑事案件中，有相当一部分是系列案件，也就是同一个或同一伙犯罪行为人所作的数起案件，在盗窃、抢劫、性犯罪、变态杀人等案件中显得尤为突出。犯罪行为人连续作同类案件，有的是由其日趋强烈的犯罪动机驱使，有的是由其无休止地追求物质享受的心理驱使，也有的是由其非常态的心理驱动。犯罪行为人在系列作案的过程中，积累了一整套作案的经验和模式。因此，一般情况下系列案件中的犯罪行为人不会轻易改变其作案的手段方法。这就为侦查部门进行串并案提供了非常有利的分析依据，并案分析也是根据犯罪行为人所作的一系列案件中的能反映其比较固定的作案特点的一系列信息，进行研究所得出的一种推论。

据西方国家的一些犯罪学家的统计显示，在所有刑事案件中，10%的犯罪行为人所作案件占全部刑事案件的50%（见图6-2-1）。尽管我国没有做过此类的数据统计，抑或没有这么高的比例，但从近些年刑事案件的趋势看，系列案件呈明显的上升态势。因此，并案侦查日益成为侦查部门打击刑事犯罪的有效手段。通过对案件的并案分析，将数个零散的刑事案件串并起来，这样就可以将这些案件中所有与犯罪有关的证据和线索都放在一起，在侦查破案中加以运用，大大提高了案件侦破的效率，拓展了案件侦破的思路。

并案分析首先需要确定一个并案标准，也就是用来比较的数据项，然后根据并案标准对同类案件进行数据的整理和比较分析，最后得出并案的结论或推断。

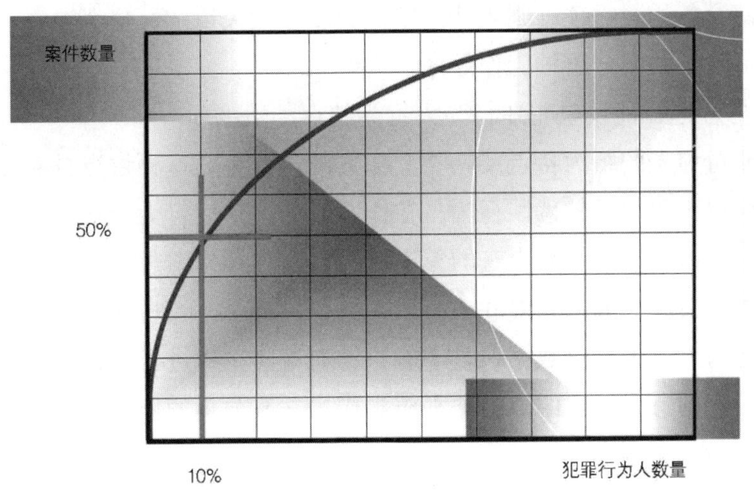

图6－2－1

一、 并案标准的确立

并案标准是一系列的数据项，因为同一犯罪行为人或同一伙犯罪行为人所作的案件中，能反映其个性特征的因素很多，也比较复杂，这是由于其个性特征既具有稳定性，又具有可变性，而且不同性质的案件中，其个性特征的外在反映也有所不同。作为分析人员，首先应当确立的是并案的基本标准。

（一）初选标准的确定

1. 不能选择过多特殊的数据项

所谓特殊的数据项就是指只是在一些个案中出现的比较特殊的犯罪特点，因为如果选择了过多的非常特殊的犯罪特点作为并案标准，可能会使一些案件被划出串并的范围。

2. 不能选择过于普通的数据项

所谓普通的数据项就是指在大多数案件中都会出现的犯罪现象，如杀人案件中使用锐器杀人。如果选择了案件中过于普通的数据项，即几乎所有刑事案件都具备的数据项，则入选的案件数量会大大增加，这会浪费分析人员的时间，降低并案分析的工作效率。

3. 尽量选择能反映犯罪行为人行为特点的数据项

犯罪行为人的行为特点反映在其作案的过程中，这种特点具有相对的稳定性，如对犯罪现场的伪装行为、在作案时的选择性行为及在犯罪过程中的多余行为。需要注意的是，有的犯罪行为人在连续作案过程中，并不一定是同类性质的案件，如系列案件中有杀人、有抢劫、有盗窃案件，因此，在选择犯罪行为人行为特点数据项时不能只针对某类案件进行选择，只要能反映犯罪行为人的行为特点的数据项都应当作为并案分析的依据。

4. 时间段的选择

选择一个多长的时间段作为寻找可串并案件的时间范围是一个关键的问题，如果有过多的案件符合所选择的数据项条件，那么可以考虑将时间段相对缩小一些。当然，为了防止遗漏可以串并的案件，可以在已串并起来的系列案件中，以最早发生的那起为起点，向前延伸一个时间段，进行再次串并分析。

（二）基本并案数据项

在并案分析的初期，以下几个基本的数据项是必须要考虑的。

1. 涉案时间

在不同类型的案件中涉案时间会有不同的含义，以杀人案件为例，涉案时间不仅包括案件发生的时间，还应包括被害人被杀害的时间、尸体被发现的时间、抛尸的时间等。

2. 涉案地点

涉案地点不仅包括犯罪行为人实施犯罪的地点，还应包括犯罪行为人在预谋、犯罪后阶段所涉及的一些有价值的地点。

3. 犯罪类型

犯罪类型主要是依据刑法规定的犯罪种类进行划分的，如杀人、抢劫、盗窃、强奸等。

4. 犯罪方法

犯罪方法所包含的内容较多，主要是指犯罪行为人实施犯罪的具体手法和方式。

5. 犯罪人

犯罪人是指与犯罪行为人的个人特征有关的一些信息。

6. 被害人

被害人主要包括被害人的背景情况和其被害时的相关信息。

(三) 分析数据项的增减

分析用的数据项会根据案件的具体情况进行增加或减少，主要是由犯罪特点在不同案件中的不同表现造成的。

有的案件中犯罪特点是非常明显的，如在凶杀案件中，必须包括被害人和被害人特征这个数据项，也应包括杀人方法及杀人工具这个数据项，这些数据项也可以用在抢劫案件的并案分析中，因为这两类案件比较相似。当然，其他一些犯罪特征可能来自一些特殊的犯罪细节，如在杀人或抢劫过程中特殊的捆绑方式等。

在有些案件中，对犯罪特征的提炼并不太容易，一些犯罪特征可能隐藏在一些犯罪行为的细节当中。有时一些看似非常有特点的犯罪细节，并不一定是该犯罪行为人在每个案件中都出现的稳定特征。因此，如果用这个特征来进行并案分析，就会误导侦查人员，如某强奸犯罪行为人第一次在实施性侵犯的过程中对被害人大声喊："对我说脏话，否则我杀了你!"，他如果没有因此而感到有快感增加，那么，他在第二次实施强奸犯罪时，就没有再让被害人讲脏话。

二、 并案信息的收集与集成

并案信息的收集是在确定并案初选标准的基础上，对在一段时期内发生的案件进行筛选，这项工作也可以由计算机完成。在一些案件资料录入完整而规范的地区，完全可以利用电脑系统对未破刑事案件数据库进行检索，选出符合初选标准的案件。在实践中，检索有许多的技巧和方法，如变换检索条件，再在检索结果中进行交叉比较，或用多个条件组合进行检索等，用哪种方法进行检索要根据案件的具体情况而定。然后，将那些符合初选标准的案件按照并案标准中的数据项进行信息整理，并将每一起案件的并案信息（并案数据项）填入并案分析数据表格中，并案分析数据表格可以用一些数据统计软件，如Database，也可以在一般性的文字编辑软件中制作，如Word文字编辑软件。

并案分析数据表是集成了每一起符合初选标准的案件中包括的并案标准数据项的信息，可以使分析人员一目了然地掌握所有与并案分析相关的信息。表6-2-1就是一张分析数据表。

表6-2-1

城镇·地区	省·直辖市	日期	星期	当地情况	具体地点
海淀	北京	05.03.26	星期六	高校聚焦区	京裕宾馆
威海	山东	04.05.01	星期日	海滨旅游区	金沙滩
达州	四川	05.08.15	星期二	川东主要城镇	宣汉县
阳泉	山西	05.09.28	星期四	两省交界处	平坦小区

在分析表的顶端的一行，从左至右排列着并案分析标准的数据项，在该表中分别为地区、城市、日期、星期、当地情况、具体地点。从第二行到第五行，分别按列出的数据项，将4起案件中的相关信息填入表中。

三、 并案信息的分析

将并案信息进行集成后，制作完成了并案分析数据表，分析人员最后要对该数据表进行分析，得出并案分析的结论。

（一）相似程度标注

在并案分析中，数据项的相似度可分为3类，即极为相似、一般相似与不相似，极为相似是指案件与案件的某数据项完全相同，一般相似则是数据项较为接近，不相似是指数据项差别过大。相似度的标注主要是标注极为相似和一般相似的数据项，对于不相同的数据项不用进行标注。不同的相似度可以通过在数据项的文字上使用不同形状的符号进行表示，如极为相似则用矩形框表示，一般相似则用三角形或圆形表示。在标注时，为了更为清晰，不同案件中相似的数据项可在相似度标志中填入相同的颜色，以表明是该起案件中的某数据项与其他案件中的同类数据项相似。为了使极为相似的数据项更为醒目，也可以在这些数据项的文字上加下划线。不同类型的数据项中的相似标志，应用不同颜色，以示区别，如日期数据项中的相似标志中填了红色，则地点数据项中的相似标志就用黄色。

表 6 - 2 - 2 就是一起已经标示完成的并案分析数据表，这是 4 起银行抢劫案件的并案分析数据表，案件分别发生在工商银行、中国银行、农业银行和建设银行。

表 6 -2 -2

	工商银行	中国银行	农业银行	建设银行
日期	99-05-01周四	02-03-10周五	02-05-28周四	03-07-20周三
时间	上午10：45	上午10：28	中午12：05	下午15：30
地点	广州永平街	广州棠下区	广州石牌街	广州新市
安全措施	保安员	无	监控设施	保安员
发型	短发	掩饰	掩饰	长发
面部特征	掩饰	伤疤·小胡子	掩饰	下颌有伤疤
身高	170-175m	185m	175m	185-190m
口音	江西	河南	潮汕	未知
衣着	黑色风衣	军用迷彩服	黑色背心·仔裤	兜帽夹克
补充说明	围巾遮面	羊毛帽子	鸭舌帽	无
携带物品	蓝色提包	邮包麻袋	提包	无

□ 极为相似

○ 较为相似

（二）相似度的一般性评估

对数据表的相似度标注并不是并案分析的结束，而是要通过对并案分析数据表的分析，对这些案件进行相似度的评估。这种评估并不一定是一个结论，而是为侦查人员提供分析的依据。

在表 6－2－3 中，有 A、B、C、D 4 起黑客入侵的案件，其中 A 和 B 有 5 个相同的特征，C 和 D 有 4 个相同的特征，但是否就可以认为 A 和 B 可以并案，C 和 D 可以并案呢？答案是否定的，因为这种简单的罗列并不能反映出案件与案件之间全面系统的关系。因此，必须对所有相似案件进行全面的评估，既要列出相似特征，也要列出不同的特征，使并案分析更为全面。

表 6－2－3

案例 A・案例 B	案例 C・案例 D
黑客主机地址位于广东	黑客主机地址位于深圳
黑客一般在晚 22：00 至凌晨 04：00 活动	黑客一般在上午 11：30 开始活动
入侵对象为各高校电脑	入侵对象为军用电脑
侵入时使用通用密码	
侵入目的为植入电脑病毒	入侵目的为窃取军事密文

以表 6－2－2 所示的并案分析数据表为例，在这 4 起案件中，发生在工商银行和农业银行的两起抢劫案件有多项数据项较为相同，其中极为相似的数据项指标有 2 项（案件都发生在周四、犯罪行为人都对面部特征进行了掩饰），较为相似的数据项指标有 2 项（犯罪行为人的身高和携带物品），而其他案件之间没有这么多的数据项相似，因此，对该两起案件可以列出以下可能性评估报告内容：

1. 相同或相似特征

（1）作案均选择周四进行。

（2）犯罪行为人对面部特征均进行掩饰。

（3）犯罪行为人身高均为 1.75m 左右。

（4）犯罪行为人均随身携带提包。

2. 不相同的特征

（1）案件发生的具体时间和地点不同。一起于上午 10 时 45 分发生在永平街，另一起于中午 12 时 05 分发生在石牌街。

（2）被抢银行的保安措施不同。其中一个被抢银行无监控设施，另一个被抢银行有监控设施。

（3）口音和衣着不同。一起案件中犯罪行为人穿黑色风衣操江西口音，另一起案件中犯罪行为人穿黑色背心仔裤操潮汕口音。

（三）犯罪特征的并案价值量化评估

一般性的相似度评估尽管列出了相同或相似特征以及不同特征，比较全面地反映了案件之间的比较结果，但哪些特征在并案中地位比较重要，哪些特征在并案中地位较低，并没有能够反映出来，这会对侦查人员的并案分析造成一定的难度。因此，在一般性的相似度评估的基础上，也可以进行犯罪特征重要性的量化评估，即在每个特征的后面以百分比的形式标注该特征在并案分析中的地位和重要性。如果特征后面标记为 0%，则说明该特征可以不用考虑，因为其作用等于零。如果特征后面标记为 100%，则说明该特征在并案中占有最重要的地位，如该特征相同就可以并案。

需要说明的是，这些量化的指标并不是非常精确的数据，而是取决于分析人员经验的积累和对专业知识的掌握程度。况且犯罪行为的实施是一个极为复杂的过程，会受到许多主客观因素的影响，同样的一个犯罪行为模式，在不同的案件中其对并案的重要性就会有所差异，换个角度讲就是能体现犯罪行为人个性特点的案件要素在不同的犯罪行为人身上可能会有很大的不同。另外，并案分析中收集到的与犯罪相关信息的来源也各不相同，有的信息是依据被害人、目击证人提供的，如犯罪行为人的身高、面貌特征、衣着特征等，这类信息的准确性就值得怀疑，因此除了要考虑并案数据项的内在价值外，还要考虑其来源对其重要性的影响。

给不同的犯罪特征赋值也可以用数据统计的方法，即将以往侦破的同类系列案件进行整理分析，对同一人或同一伙人所作的一串案件中的犯罪特征进行统计，在每起案件中都出现的犯罪特征，可评级为 100%，以此类推，相反在每一起案件中出现频率最低的犯罪特征赋值最低，即0%。当然，这种纯粹的数据统计带有一定的机械性，只能反映以前发生的该类系列犯罪案件中的犯罪特征在并案中的地位和价值，而且这种统计结果是在少量样本的基础上得出的，因此，不具有严格意义上的普遍性。

表6－2－4是两起系列抢劫案件犯罪特征的并案价值量化评估表，从该表中可以看出几起案件的相同特征中，犯罪行为人都使用刀具这一特征在并案中的价值最高，量化评估赋值为70%，而案犯身高均为1.75米这一特征在并案中的价值最低，量化评估赋值为10%，这与该特征源于被害人或目击证人的描述，而这种对特征的描述可信度会受到诸多因素影响。在不相同的特征点中，有的案件发生在室内有的发生在室外这一不同点对并案的影响度最大，量化评估赋值为65%，也就是表示在并案中要比较重视这一不同点，不能完全忽视该特征。而另一个不同点是两起案件中的犯罪行为人口音不同，由于口音特征这一信息也来自被害人或目击证人，由于其可信度相对较低，因此对其的量化评估赋值为10%，也就说明该不同特征对并案的影响不大。

表6－2－4

抢劫案件对比分析		
相同点对比分析		
案犯身高均为1.75m	1	10%
案犯均为棕色长发	1－2	25%
案犯均迫使受害者趴在地上	1－3	50%
案犯在作案时均使用刀具	1－4	70%
不同点对比分析		
案发地点室内/另一案发地在内街胡同	1－5	65%
案犯有北方口音/案犯有南方口音	1－6	2%

（四）推断结论

并案分析的最后一个环节是通过对类似案件的一系列评估，得到是否并案的结论。尽管经过对相似案件的相似度的一般评估和犯罪特征的并案价值量化评估，并案结论的推出具备了较高的客观性，但也应当认识到并案结论并不都是100%准确，还受到情报分析人员的经验、能力以及案件资料准确性、全面性等各种因素的影响，而且在评估中也有一些非客观的因素，如并案价值量化评估中的赋值就带有经验的成分。相似度达到多少、相同特征达到多少、相同特征中并案价值多高才可以进行并案，无法进行过于量化的规定，就如同指纹的同一认定中多少个特征点相同才可以认定同一一样，在实践中很难给出一个非常明确的答案，因为用于指纹鉴定的样本情况千差万别，有的清晰，有的模糊，有的完整，有的残缺，何况并案分析还不能与指纹的同一认定相比，并案分析中的案件特征不像指纹的纹线那样有规律和规范的标准，因此，并案分析也不可以看作如同一认定般具有排他性，只能用科学的分析方法使结论更接近于客观和真实。

但可以肯定的是通过全面系统的分析评估后得出的并案结论一定比随意性很强的、浅层次的分析得出的并案结论要科学和理性得多。相信，随着并案分析理论的发展，并案分析的方法会越来越科学，并案分析的结论也会更加客观。

第三节

其他涉案数据分析

一、 公安内网数据分析

经过多年的发展，目前全国公安信息系统建设应用已达到相当的规模。据不完全统计，全国公安系统已有各类应用系统一百多种、一千多个，采集存储各类业务数据达数十亿条，它们在业务管理和侦查破案、服务群众等公安工作中发挥了较好的作用，也为建立全国公安信息资源库提供了很好的基础。目前，全国公安信息系统建设了八大信息资源库，以及其他相关的数据库等，即八大信息资源库（全国人口基本信息资源库、全国违法犯罪人员信息资源库、全国出入境人员和证件信息资源库、全国警员基本信息资源库、全国在逃人员信息资源库、全国被盗抢机动车信息资源库、全国安全重点单位信息资源库、全国机动车和驾驶员信息资源库）；人口信息系统（常住人口、暂住人口、工作对象）；旅店业住宿人员系统；印章信息系统；警员基础信息系统；案件信息系统（案件信息、嫌疑人员、涉案物品、被盗车辆、在逃人员、无名尸体、失踪人员、涉毒人员及案件信息、经济案件信息、涉税案件信息）；交警信息系统（驾驶员信息、机动车信息、违章肇事人员信息）；出入境信息系统（边防检查出入境人员信息、出境人员证件信息户照信息、港澳通行证信息以及临时来华人员信息）；其他数据系统根据应用系统建设情况，扩充相关业务数据，如指纹信息等。

目前常见的公安内网数据分析包括以下几种。

（一）数据碰撞分析

1. 数据碰撞与数据对比

数据碰撞，指不同数据集之间，以一种或（多种）数据项为条件，产生数据交集的过程。

数据比对，指不同数据集之间，以某类数据集中的一种数据项（或多种数据项组合）为条件，在另一类数据集中检索相同数据的过程。

2. 数据碰撞与数据比对的区别

数据碰撞与数据比对的区别，主要体现在应用前提和应用流程两个方面。

应用前提的不同。数据碰撞是在对案（事）件进行充分假设的前提下进行。数据比对则是在明确一类数据集的前提下进行。

应用流程的不同。数据碰撞可以是在碰撞结果的基础上再次碰撞，以缩小数据范围。

3. 数据碰撞应用范围及类型

（1）应用范围

数据碰撞分析法，主要适用于案件中的犯罪嫌疑人具有多地活动，可以通过数据碰撞分析发现嫌疑人。主要包括：人员轨迹；车辆轨迹；通信轨迹；其他轨迹。

（2）应用类型

数据碰撞分析，分为同类数据之间的碰撞和异类数据之间的碰撞。

同类数据之间的碰撞，是指同类数据之间根据不同数据集（指不同时段内或不同地点内的数据）的相同数据项开展碰撞的过程。它主要用于查找同种数据之间相同人（物）之间的关系。

表6－3－1 常见同类数据碰撞的类型及作用

时空、地点	数据源	比对源	目的
不同时段不同地域或不同时段相同地域	旅馆住宿人员数据	旅馆住宿人员数据	查找符合条件的人员数据
	暂住人员数据	暂住人员数据	
	网吧上网人员数据	网吧上网人员数据	
	车辆进出卡点数据	车辆进出卡点数据	查找符合条件的车辆数据
	车辆 GPS 活动数据	车辆 GPS 活动数据	
	通信工具活动数据	通信工具活动数据	查找符合条件的通信工具或车辆
	通信工具或车辆登记数据	通信工具或车辆登记数据	
	被盗抢物品数据	被盗抢物品数据	查找符合条件的案件数据
	其他反映人员（物品）活动轨迹的数据	其他反映人员（物品）活动轨迹的数据	查找符合条件的人员或物品

异类数据之间的碰撞，是指不同类数据之间根据不同数据集（指不同时段内或不同地点内的数据）的相同数据项开展碰撞的过程。它主要用于查找异种数据之间相同人（物）之间的关系。

表6－3－2 常见数据碰撞的类型及作用

时空、地点	数据源	比对源	目的
不同时段不同地域或不同时段相同地域	旅馆住宿人员数据 暂住人员数据 网吧上网人员数据 车辆进出卡点数据 车辆 GPS 活动数据 通信工具活动数据 通信工具或车辆登记数据 被盗抢物品数据 其他反映人员（物品）活动轨迹的数据	旅馆住宿人员数据 暂住人员数据 网吧上网人员数据 车辆进出卡点数据 车辆 GPS 活动数据 通信工具活动数据 通信工具或车辆登记数据 被盗抢物品数据 其他反映人员（物品）活动轨迹的数据	根据案（事）件假设情况，查找符合条件的人或物

（二）假设的分析

1. 假设分析应用的概念

假设在信息化侦查中的运用，是指刑事案件侦破中，侦查人员通过对犯罪现场、犯罪行为等各类信息的收集，以及依托公安机关掌握的各类信息资源，对涉犯罪嫌疑人“没有依据但有可能存在”的行为动作进行假设，然后通过对各类信息资源的分析，对这些可能行为进行模糊求证或试验，从而发现新的案件线索，为案件突破指明方向的一种信息化侦查的技巧和方法。

2. 假设分析应用的步骤

假设在信息化侦查中的应用包括明确假设类型、开展假设、假设印证3个环节。其中根据案件要素，开展对人、案件（情）、通信工具、交通工具、痕迹物证的假设是分析应用的关键。

3. 假设分析应用的流程

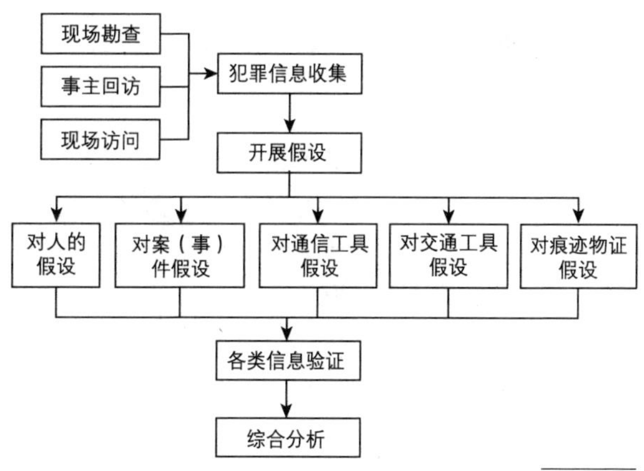

图6-3-1　假设分析应用流程图

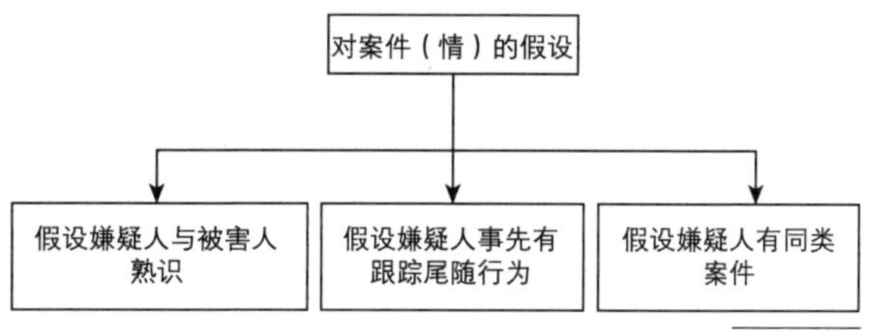

图6-3-2　对案件（情）的假设流程图

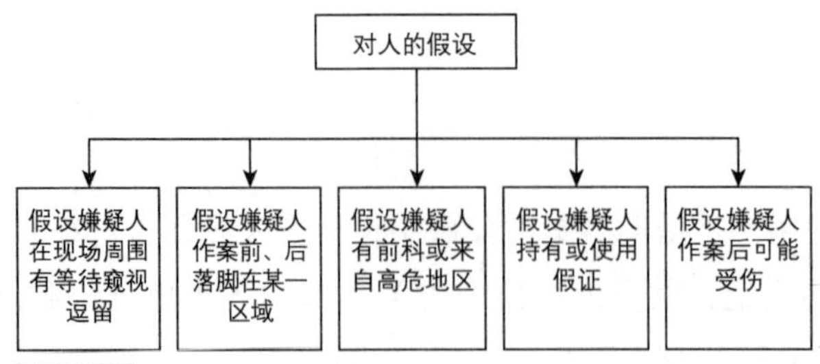

图 6－3－3　对人的假设流程图

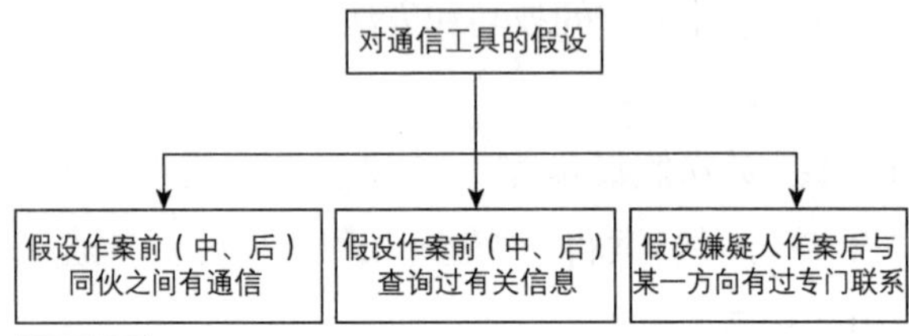

图 6－3－4　对通信工具的假设流程图

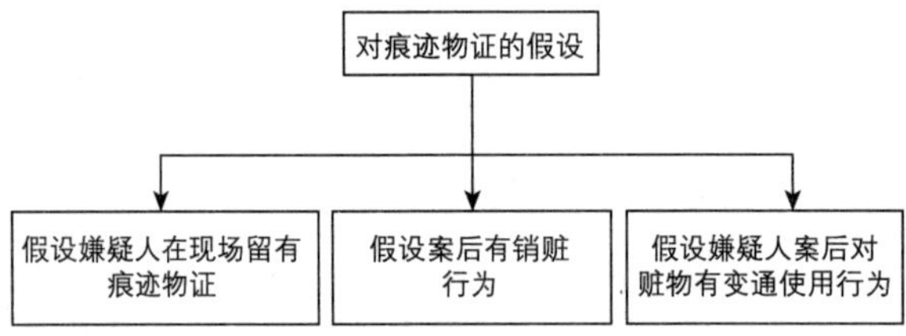

图 6－3－5　对痕迹物证的假设流程图

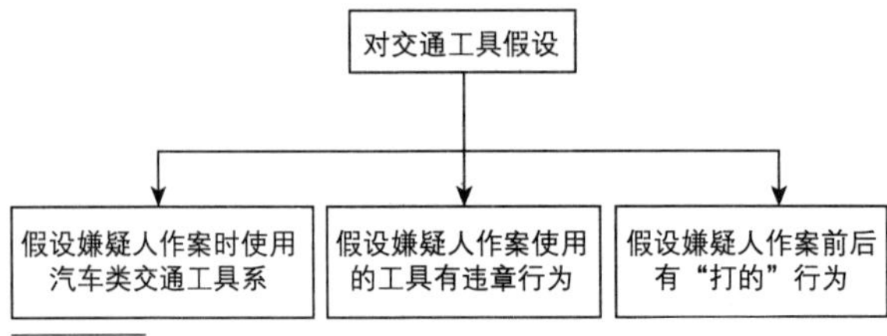

图 6－3－6　对交通工具的假设流程图

二、 互联网数据分析

（一）互联网数据信息的应用思路

1. 互联网数据信息的分类

互联网数据庞大，因此对其中数据的高效分析离不开合理的分类。目前互联网数据信息的分类主要有以下几种方式：

①根据表现形式可以分为文字、图片、音频和视频类。

②根据内容可以分为新闻、游戏、软件、军事、音乐、视频、博客等。

③根据秘密等级可以分为加密信息和非加密信息。

④根据来源可以分为原创信息和非原创信息。

2. 互联网信息应用于侦查的原理

互联网信息应用于侦查的原理，是指侦查主体通过使用者在上网过程中有意或无意中遗留的点滴信息，通过公安网和互联网的反复查证，从而发现侦查破案的线索。在这个过程中，有意遗留的信息的真实性有待考证，但同时，无意遗留的信息也并不一定就是真的。因此，公安机关从互联网中获取的任何信息都需要进行查证后方可使用。另外，即使是经查证后证明为假的信息，也不一定代表没有价值，部分伪造的信息也可以成为有力的线索。目前，网侦和技侦部门的发展使得利用技术手段对网络资源的再现和发掘成为可能，但并非所有的信息都需要依赖技术部门和公安内网，互联网海量数据的存在也在提示侦查人员充分利用互联网海量数据的必要性，网侦、技侦手段和我们可以从公开信息中获得的信息结合，二者互相辅助是最恰当的方法。

（二）互联网数据分析的作用

1. 利用互联网数据发现人

在互联网信息化时代，利用互联网数据发现人是指通过互联网数据找到该人员在互联网遗留的点滴信息，为判断该人员是否有可能在互联网再次出现提供依据。一般情况下，利用互联网数据发现人员的途径主要包括以下 4 个方面。

（1）有无上网记录

目前，全国各地公安机关均在网吧安装了管理软件，用于记录上网人员的基本情况。同时，部分省市的综合查询系统，也提供了上网人员查询功能。

（2）是否发布信息

可以利用关键词搜索发现嫌疑人员在网上是否发布信息，如求职网站发布求职信息、交友网站发布交友信息、校友录中发布个人信息或在论坛、博客、微博等中发布信息等。因此，只要查询到人员在网上发布过信息，说明该人能够使用互联网，可能会在互联网上再次出现。

（3）是否更新信息

通过搜索人员在网上发布信息的更新时间，可以确定该人员上网的频率，如通过人员在论坛或博客中内容更新的时间，推断人员上网的周期。因此，根据人员在网上发布信息的更新周期，可以推断该人员可能会在互联网上再次出现。

（4）手机话单中是否有上网流量或特服号

当使用者通过手机，使用 QQ、飞信、MSN 等软件和他人进行即时聊天，或通过手机上网浏览网页、下载软件、观看视频图书等内容时，使用者的手机话单中将产生上网流量或特服号等提示。因此，只要使用者的话单中出现上网流量或特服号，说明该人能够使用互联网，可能会在互联网上再次出现。

2. 利用互联网信息找到人

利用互联网信息找到人是指通过互联网信息找到人员在互联网上出现的 IP 地址，再通过电信部门进行 IP 反查，一般可确定违法犯罪嫌疑人的上网地点，从而找到该人员实际的上网地点。一般情况下，利用互联网信息找到人员上网 IP 地址的途径主要包括以下几个方面：

（1）上网记录

目前，全国各地公安机关均在网吧安装了管理软件，该管理软件会记录上网人员上网计算机的 IP 地址，该 IP 地址一般与网吧内的机号相对应。因此，只要在公安机关各类综合查询平台或网吧管理软件中，发现有人员上网记录，就可以查询到该人员上网时的 IP 地址，同时确定上网机号。

(2) 使用聊天工具

目前，在使用QQ、微信、ICQ、阿里旺旺、SKYPE、MSN等即时聊天工具时，可以通过互联网上公开的小工具，显示使用者使用聊天工具时所在的IP地址。

(3) 上网发帖

一般情况下，使用者在互联网各类论坛、博客上进行信息发布、信息回复等内容时，网站前台或管理后台都会记录并显示发布者的IP地址，其中部分网站需要用管理员的身份登录后才允许查阅发布者的IP地址。

(4) 上网玩游戏

目前，使用者在登录传奇、边锋、劲舞团、QQ农场、魔兽世界等大型网络游戏时，游戏服务商也会记录使用者登录的IP地址。

(5) 收发电子邮件

通过互联网收发电子邮件，在每个收到的邮件中会包含邮件信息，其中包括发件人的IP地址、发件人的计算机名等信息。

(4) 使用网上银行。目前，使用者在登录网上银行时，银行部门会记录使用者登录的IP地址。

(三) 搜索引擎在侦查中的应用

搜索引擎（search engine）是指根据一定的策略、运用特定的计算机程序搜集互联网上的信息，在对信息进行组织和处理后，将处理后的信息显示给用户，并为用户提供检索服务的系统。而侦查中利用搜索引擎查控的方法，是指将需要抓捕的对象的姓名、手机号、身份证号、电子邮箱地址、博号名、游戏账号等信息，利用互联网搜索引擎进行搜索，从而发现其行踪的一种应用方法。学会正确使用搜索引擎是现代每个人必须掌握的技能，当然也是侦查员做好信息化侦查应用的重要技能之一。很多案件背景知识、相关法律法规知识甚至案件破案线索都能够通过搜索引擎搜索而来。

人肉搜索是对被搜索人个人信息的披露。人肉搜索是数字化网络环境下的新生事物。进入21世纪以来，视频共享网站、个人博客/微博、社交网站、百度百科/维基百科等新型网络服务日益发展。它们的出现改变了网民以前被动接受信息的局面，网民开始主动参与了互联网内容的创造。但作为社会实践的人肉搜索行为先于网络时代的“人肉搜索”概念。在前互联网的时代，人们实际上一直在从事类似于人肉搜索的社会行为。而参与式互联网的出现大大减少了人们的交往成本，互联网的出现不但使得人的社会关系更加紧密，并且使得社会关系更加扩大。因此，所谓“虚拟空间”与“现实空间”的区分日益变得模糊。

互联网环境下的人肉搜索引起了人们对于规制的广泛讨论，一部分学者认为，人肉搜索需要加以禁止，因为人肉搜索大大侵犯了被搜索者的个人隐私权。虽然在中国具体法律上，隐私权并未具有法律文本上的明确性，但作为一般的法律理念，隐私权被接受下来成为一种规则。但从言论自由的角度来看，人肉搜索在某种意义上是公民行使其言论权和监督权的体现。宪法保护的公民言论自由权。互联网提供了极为广泛的言论自由行使空间和便利的行使方式。“人肉搜索”是公民言论自由和信息自由的表现形式之一，在客观上能够对不符合道德观念却不违法的行为起到震慑作用。因此，“人肉搜索”在某种程度上也是一种公民行使监督权、批评权的体现。

人肉搜索现象及其带来的相应法律问题凸显了一种规制的困境———当网民所代表的民众不认同政府和法院依据隐私权和隐私文化对于人肉搜索的规制时，政府决策和司法判决本身的正当性便处于质疑之中，因此，对于这些问题的法律处理需要建立在对于实质争议的进一步深入理解和把握之上。

（四）同时上网人员的分析

同时上网人员分析法，是指利用网吧上网登记管理软件采集的上网人员相关信息（流水号、姓名、身份证号、上下网时间、机号等），分析上网人员的上网活动情况，从中查找嫌疑人及其同伙的一种应用方法。

同时上网人员，是指在某一时间段内，一起到相同网吧或临近网吧上网的人员人数在两个以上，关系常为男女朋友、老乡、同事等。在信息化侦查中，同时上网人员是发现犯罪嫌疑人同伙或关系人的重要途径。

(五) 电子证据取证基本常识

电子数据，是指以数字化形式存储、处理、传输的数据，常见的有文字、图形符号、数字、字母等。

1. 电子数据的特征

①技术依赖性。这是电子数据区别于其他证据类型的一个特点。具体表现在：一是电子数据的存在依赖于一定电磁介质。普通的书证，人们用自己的听觉、视觉等感官就可以认知和理解。部分物证也可以通过感官来认识，除非需要专家使用技术手段进行鉴定。但电子数据如果离开信息技术和电子设备，就是人类感官完全无法识别的模拟信号或数字信号。如数字数据在运算逻辑上就是“0”和“1”的二进制代码，通过脉冲电流、光的有无、DNA 的不同状态等来表示。不管是何种形式都无法为人的感官所识别；二是电子数据是需要借助一定信息处理技术和设备才能表现其承载的信息。电子数据在收集提取后转化的过程需要特殊技术手段，因此，在涉及电子数据的案件中，电子数据的高技术性特点决定了侦查机关必须与技术部门紧密合作才能有效完成案件的查办。

②易于修改性。电子数据是以数据形态存在的证据，对信息技术和电子设备的依赖性体现在其产生、传输、存储之上，同时，具备一定技术水平的人可使用信息技术和电子设备对其进行修改、篡改、伪造，如在一份 word 文档中把 1 万元的金额修改为 10 万元，仅仅需要多敲击一个“0”，再点击保存即可，不需要任何技术培训的人均可以完成。在 windows 里删除一份文档，也仅需要点击右键删除后，再清空回收站即可。电子数据的易修改性还表现在其脆弱性上，数据受到外界物理条件的影响可能会丢失，如气温、磁场、潮湿度等。例如，在档案界对电子数据一般使用光盘来存储，在《电子文件归档光盘技术要求和应用规范》（DA/T38 - 2008）这一国家标准中，“档案级光盘”对光盘存储数据的寿命仅要求 20 年。由此可见，电子数据易丢失的特性在档案界也是明确的。

③反复重现性。这一特点，是基于数字信号传输本身的特性所决定的。以计算机中的文件为例，不论何种文件，均是以二进制的编码方式存储于电

脑硬盘的盘片之中。这也就决定了电子数据有可恢复性和可复制性。可恢复性是指可以通过技术手段和相应软件对电子存储设备中已删除的数据进行恢复操作，其工作原理在于，当存放一个文件至电脑硬盘时，系统会在文件分配表内写上文件名称、大小、起始位置，然后再向盘片的数据区写上内容（以二进制的方式，通过编码转化可以让电脑硬件识别）。当删除一个文件时，系统在该文件前面写一个删除标志，表示该文件已被删除，再存储文件时可以使用其所占用的空间。所以，当进行数据恢复时，只需用专业的工具将原来的删除标志去掉，数据就可以被恢复。

2. 电子数据取证的注意事项

①保护现场。对现场的保护，根据 2016 年公安部、最高人民检察院、最高人民法院联合颁布的《关于办理刑事案件收集提取和审查判断电子数据若干问题的规定》，属于现场勘验检查程序的第一步。现场保护的目的是防止电子数据被删除、修改或转移，保证电子证据的完整性和真实性。一般来说，到达现场后，取证人员会立即要求现场人员停止操作电子设备，对涉案电子设备进行监控。侦查人员应特别注意防止现场人员将有存储设备或体积较小的电脑笔记本、移动硬盘、u 盘等设备带离现场，对正在使用中的设备，应注意保护好其中的操作数据。同时，侦查人员应尽快依照情况对网络连接进行切断，防止涉案人员从其他终端对数据进行删除、修改和转移。

同时，由于现在越来越多的数据存储于云端，有时电子数据侦查的过程中并没有可以保护的“现场”，这也是随着信息技术发展摆在侦查人员面前的一个现实状况，如何保护云端数据不被删除、修改和转移，也是下一步值得研究的。

②提取固定。2016 年公安部、最高人民检察院、最高人民法院联合颁布的《关于办理刑事案件收集提取和审查判断电子数据若干问题的规定》中对电子数据的固定、收集和提取一共制定了 11 条规定。其主要包括：对于可以进行扣押原始介质的，应当予以扣押和封存，无法扣押原始存储介质的，可以提取电子数据，但应当在笔录中注明不能扣押原始存储介质的原因、原始存储介质的存放地点或者电子数据的来源等情况，并计算电子数据的完整性校验值。对于有特殊需要的电子数据，可以进行冻结，并制作协助

冻结通知书。在整个固定、收集和提取电子数据的过程中，都应当制作笔录，记录案由、对象、内容、收集、提取电子数据的时间、地点、方法、过程，并附电子数据清单，注明类别、文件格式、完整性校验值等，由侦查人员、电子数据持有人（提供人）签名或者盖章；电子数据持有人（提供人）无法签名或者拒绝签名的，应当在笔录中注明，由见证人签名或者盖章。

同步录音录像。《规定》中第十四条明确指出，收集、提取电子数据，应当制作笔录，有条件的，应当对相关活动进行录像。同时，第十六条也规定，电子数据检查，应当对电子数据存储介质拆封过程进行录像。

三、 其他社会信息分析

（一）社会信息的定义

广义的社会信息是指产生于人们的各种社会活动，在社会中流通并服务于一定社会目的的信息。信息化侦查中，社会信息主要是指在社会活动中，由行政管理部门、企业、事业单位或社会团体（如金融、电信、医疗、邮政、工商、税务等）收集、储存的有关其管理对象、用户、客户或成员的各种信息。这些信息通常记载着人们的身份，记录着人们与相关人、事、物的时空联系及其他各种联系，所以能为公安机关掌握使用，并服务于侦查破案。

目前，公安机关应用的社会信息，主要包括以下 3 个方面：

1. 在日常生活中产生的信息

个人在日常生活的消费、娱乐、医疗等活动中不可避免地会留下相关个人信息，如打电话、发短信，电信企业的相关电信数据记载的相关信息；乘坐飞机，民航乘客管理信息系统记载的信息；登记住宿，旅馆业管理信息系统记载的信息；存取款、转账，金融业管理信息系统数据记载的信息；行走在大街上、马路上，进入各类公共场所，视频监控系统数据记载的信息；上网冲浪，计算机网络数据记载的信息，等等。

2. 在社会管理中产生的信息

行政管理机关基于社会管理的需要，会依法收集、储存管理相对人的有关信息，如特种行业管理、劳动社会保障、工商注册、房产登记、出入境信息等。以工商注册登记信息为例，其包括企业类型和性质、经营内容、注册资金、资金来源、银行企业账户、企业年审等情况；法人、投资参与者、管理人员的基本情况和变更情况；经营状况、人员变动、资金投向、发票使用等方面情况。

3. 在经济活动中产生的信息

在经济活动中的贸易往来、服务提供、费用支付等活动会产生各种信息，如银行存贷款信息，商业合作协议和经济债务纠纷等，以企业银行账户信息为例，其包括账户设立、开户资料、资金流向、存取时间和余额情况等方面信息。

（二）社会信息的基本特征

社会信息是信息化侦查实施过程中的一项重要信息资源，其具有以下 3 个方面的特征：

1. 宽泛性

各种各样的社会活动会产生纷繁复杂的社会信息。在信息社会中，这些社会信息往往被“数据库化”。数据库作为信息产业的重要组成部分对经济、社会的发展与推动起到了非常重要的作用，有学者形象地指出，信息化就是“数据库 + 互联网”，载有社会成员信息的数据库存在于各行各业，如电讯、劳保、邮政、医疗、金融、房地产登记和公交运输等。公安机关只要获取了相关的数据库，就会在与违法犯罪的斗争中占得先机。

2. 关联性

虽然犯罪嫌疑人会极力隐瞒自己的身份，但其始终是社会活动的主体，必定会在特定的时间、地点和行业以真实身份出现，并且会留下各种各样的社会信息和点点滴滴的活动轨迹。社会信息是一个信息综合体，既包括内外之间的关系，又包括主次之间的关系，各种关系错综复杂。透过大量纷繁复杂的社会信息，可以发现各个社会信息之间总会出现交叉重叠的现象，也就是说彼此之间存在着一定的关联，如无论金融、电信、医疗等部门，还是保险、邮政、工商等部门，在采集信息时，人员的姓名、地址、联系方式等项目都是作为基本的采集项，被有效的收集和存储。诸如此类的信息会为查证犯罪嫌疑人身份、发现犯罪嫌疑人活动轨迹提供帮助。

3. 时效性

时效性是社会信息的重要特征，是指社会信息从发出、接收到进入利用的时间间隔及其效率。信息化条件下，信息的传播、交流和更替速度大大加快。任何有价值的社会信息，都是在一定的条件下起作用的，如时间、地点、事件等。离开一定的条件，社会信息将会失去应有的价值。如果收集的社会信息不能及时有效地更新，在案件侦查中就不能作为网上查证、网上排查的有效资源，社会信息的作用就很难发挥。

（三）社会信息的分类

根据案件侦查需要，信息化侦查中将社会信息分为“支撑型”和“补充型”两类。

1. “支撑型”社会信息

“支撑型”社会信息，是指能够为侦查工作提供支持作用的社会信息，如由通讯公司掌握的移动电话登记信息、公用电话登记信息；交通运管部门掌握的收费站信息、车辆驾驶员（中巴车、三轮车、黄鱼车）信息；建设部门掌握的房屋产权登记信息；教育部门掌握的各级学生登记信息；计生部门掌握的育龄妇女登记信息、妇幼登记信息；银行、医院、场所等位置安装的社会监控信息等。此外，还包括侦查工作需要的各类社会监控点信息、环卫人员信息、机动车停车场管理人员信息、物品回收人员信息等。

2. “补充型”社会信息

“补充型”社会信息，是指反映人员活动轨迹的社会信息，它主要包括房管部门掌握的房屋承租信息；劳动部门掌握的各类劳务登记信息；社保部门掌握的医院就诊信息、医保卡刷卡信息；疾病控防部门掌握的健康证办理信息；邮政部门掌握的汇款信息；以及电力部门、自来水公司、煤气公司掌握的用户缴纳电费、水费、煤气费等信息。

（四）社会信息的获取

对于社会信息的获取，公安部门主要采取以下几种方法：首先是交换协作，这主要是指与涉及金融、电信、移动、保险、邮政、工商、税务等行业的主管部门洽谈，通过交换网络协议获取对方的信息数据。这类行业的数据相对较为鲜活，如快递、订餐、酒店住宿等数据更新快的特点，更加受到公安部门的欢迎。第二是提供服务，是指通过为其设计采集软件并免费使用来获得其数据的方式，但此种方式目前尚未实现数字化管理。第三种方式是借助特定时机，如大型安保、反恐等，比如利用国庆安保和奥运安保时机，集中收集信息。第四种是人工采集，这是比较原始的方法，是指通过调查走访即时掌握和收集社会信息，比如对快递、外卖员的信息收集。

（五）社会信息在侦查中的基本应用

在案件侦查中，利用“支撑型”社会信息，公安机关可以快速定位或找寻一个地址或人员，进而提高案件侦查某一环节的工作效率。例如，公安机关通过事先掌握的公用电话登记信息，即使没有电信部门的配合，也可以快速查询到该电话位置、登记机主信息；利用事先掌握的社会监控点信息，在案件发生后，可以快速地调阅视频资料，发现侦查破案的线索。

利用“补充型”社会信息，公安机关可以正确查找人员在社会活动中的轨迹，解决公安内部信息对展示人员轨迹信息不全面的问题。例如，公安机关通过事先掌握的学生登记信息，可以有效弥补当前常住人口中人户分离的情况，完善常住人口登记信息；利用各类交费信息，可以及时发现重点人员生活轨迹情况等。

（六）社会信息应用系统的规划与建设

目前，全国各地尚未形成统一的社会信息应用系统，各地社会信息应用系统更多是局限于社会信息的查询、统计、比对等基本功能。为此，社会信息应用系统在设计上应整合现有的暂住人口信息系统、旅馆业住宿信息系统等成熟系统，以信息交互平台的方式接入急需的社会信息，通过设置层级、赋予权限等方式让全警使用社会信息应用系统，最终实现所有社会信息资源和公安内部信息资源的交互应用。

社会信息数据应根据系统建设的目标和公安工作的实际需求，将人、案、物品、组织、地点等各要素按照不同方式进行重组，并在此基础上生成集成信息。按照功能定义的要求，对以 5 种要素组织的信息进行不同程度的集成，能够满足警务工作的各层次需求。

1. 以人的身份作为连接点进行信息组织

将常住人口管理、暂住人口管理、违法犯罪人员管理、交通管理等系统统一纳入新系统，并将房产登记、租赁、交易等信息，水、电、煤气、网络等消费信息，基本医疗保险信息，网络虚拟身份信息，劳动力登记信息等信息进行采集、录入，实现人员社会信息采集的最大化，如只要提供人员的单点信息，就能够通过系统生成该人在社会生活各方面的所有信息，大大提高侦查工作的效率。

2. 以案件要素作为连接点进行信息组织

以案件中人员构成、作案手段、涉案物品、时间地点等要素为连接点组织相关信息，根据现实需求提供动态的社会治安信息。比如在系列性入室盗窃案件侦查中，只需提供某项案件的要素，就能够通过系统生成高危人员的活动轨迹。

3. 以人对物品的使用信息作为连接点进行信息组织

将包括手机、固定电话、宽带网络等基本通信信息，机动车、非机动车的车辆信息，出入境、特殊执业资格等证件信息，信用卡、邮政储蓄等金融工具信息进行采集，实现人员社会活动信息采集的最大化。

4. 以公安机关管理的需要对信息进行组织

对于公安机关日常管理的旅馆、网吧、娱乐场所、印章、废旧品流通、典当、车辆修理等行业，应将法人组织、从业人员、业务运作等相关信息以标准化的方式纳入新系统。对于因管理、打防工作需求而衍生的二手电子产品交易、非机动车修理、物流、快递等行业的相关信息也应进行采集，为拓展新型社会信息资源打下基础。

5. 以地理信息对警务工作的作用对信息进行组织

将城市内的视频监控系统、道路交通卡口系统、相关企事业单位的视频监控系统等接入新系统，大力拓展地理信息资源，为该类信息同其他种类信息的即时比对创造条件。

参考文献

1. 张晓军主编:《军事情报学》, 军事科学出版社 2001 年版。
2. 张长军著:《美国情报失误研究》, 军事科学出版社 2006 年第 3 月版。
3. 陈世贤主编:《命案现场分析》, 群众出版社 2003 年版。
4. [美] 特维著, 李玫瑾等译:《犯罪心理画像: 行为证据分析入门》, 中国人民公安大学出版社 2005 年版。
5. 胡健颖等编著:《实用统计学》, 北京大学出版社 2004 年版。
6. 王彦吉主编:《第七期高级警官研修班赴英国研修考察文集》, 中国人民公安大学出版社 2005 年版。
7. 郝宏奎主编:《犯罪现场勘查》, 中国人民公安大学出版社 2006 年版。
8. 闫晋中著:《军事情报学》, 时事出版社 2003 年版。
9. 于凤玲、马忠红主编:《刑事侦查情报学》, 中国人民公安大学出版社 2004 年版。
10. 何家弘主编:《中国侦查学——物证技术发展报告(第二卷)》, 中国人民公安大学出版社 2005 年版。
11. 刘仲林著:《现代交叉科学》, 浙江教育出版社 1998 年版。
12. 孟宪文主编:《公安信息学》, 中国人民公安大学出版社 1999 年版。
13. 马忠红主编:《禁毒情报》, 中国人民公安大学出版社 2002 年版。
14. 张新枫主编::《刑事侦查学》, 群众出版社 1999 年版。
15. 孟宪文主编:《刑事侦查学(修订本)》, 中国人民公安大学出版社 2004 年版。
16. National Criminal Intelligence Department, The Netherlands:《Criminal Intelligence Analysis Course Book》, 2003, IlEA, Bangkok.

编辑说明

为彰显改革开放以来公安理论创新和学术研究方面的成就，全面展示公安院校广大教师在公安学术研究、公安实践及公安改革方面的新理论、新经验、新成果，提升理论水平，推进成果转化，鼓励学术繁荣，发现优秀人才，我们于2017年面向全国公安院校征集公安学理论研究优秀作品。此举在全国公安院校中产生了很大反响，公安院校教师踊跃投稿。为保证首批推出的作品充分展示学术作品的经典特色，充分体现专业特点，充分关注热点问题，我们邀请了长期从事公安学术研究、在公安系统具有较高声望的专家学者对作品进行审定，遴选出各9部作品入选《公安院校知名教授学术文库》《公安院校青年学者学术文库》第一辑，将于2018年6月正式出版。

《文库》的作品充分体现了“经典、精品、创新”的特点。入选《公安院校知名教授学术文库》的作者均为长期从事公安理论研究、在全国公安院校乃至全国公安系统具有较高声望的知名学者，入选的作品也是这些学者在相关领域多年潜心研究的代表性成果。例如，《英美警察科学》《公安经济学》《警管区制研究》《社会转型与秩序重建》等，都是近年来在公安学领域产生较大影响的原创性学术著作。而入选《公安院校青年学者学术文库》的作者目前均活跃在公安教学科研的第一线，他们才华出众，思想敏锐，观点新颖，入选的作品如《袭警行为的预防与处置》《新型合成毒品滥用监测与控制实证研究》《弱势群体权利保障中的国家反拐行动研究》等，直面当前执法热点，深入剖析，探索新理论、新措施。

服务公安中心工作，服务公安队伍建设，服务公安教学科研，充分展示作品的社会价值和学术价值是我们推出两个《文库》的初衷。相信随着第一辑作品的出版，必将推动在公安院校中形成深入公安学理论研究，活跃公安学术创新的良好氛围。这是我们的追求，也是各位作者的期待。

《文库》的出版是一项长期工程，我们力争通过几年时间，出版100部学术专著，使两个《文库》成为新中国公安教育史上具有里程碑意义的首部公安理论名家学术作品大系，使之成为面向全社会展示改革开放以来公安学理论研究成果的最佳平台。

公安院校知名教授学术文库
公安院校青年学者学术文库
编辑委员会
2018年6月

图书在版编目(CIP)数据

犯罪情报分析 / 陈刚著 . —北京：中国人民公安大学出版社，2018. 6
(公安院校知名教授学术文库 / 总主编：樊京玉　闫继忠)
ISBN 978 -7 -5653 -3326 -2
Ⅰ. ①犯…　Ⅱ. ①陈…　Ⅲ. ①犯罪侦察—情报分析　Ⅳ. ①D918

中国版本图书馆 CIP 数据核字(2018)第 122370 号

犯罪情报分析

陈刚　著

出版发行：中国人民公安大学出版社
地　　址：北京市西城区木樨地南里
邮政编码：100038
经　　销：新华书店
印　　刷：天津盛辉印刷有限公司

版　　次：2018 年 6 月第 1 版
印　　次：2018 年 6 月第 1 次
印　　张：14. 5
开　　本：787 毫米 ×1092 毫米　1/16
字　　数：243 千字

书　　号：ISBN 978 -7 -5653 -3326 -2
定　　价：45. 00 元

网　　址：www. cppsup. com. cn　www. porclub. com. cn
电子邮箱：zbs@ cppsup. com　zbs@ cppsu. edu. cn

营销中心电话：010 -83903254
读者服务部电话（门市)：010 -83903257
警官读者俱乐部电话（网购、邮购)：010 -83903253
教材分社电话：010 -83903259

本社图书出现印装质量问题，由本社负责退换
版权所有　侵权必究